आसमान में दरार

राकेश बिसारिया

राजमंगल प्रकाशन

An Imprint of **Rajmangal Publishers**

ISBN : 978-9348578525

Published by :

Rajmangal Publishers

Rajmangal Prakashan Building,
1st Street, Ozone, Ramghat Road
Aligarh-202001, (UP) INDIA
Cont. No. +91- 7017993445
www.rajmangalpublishers.com
rajmangalpublishers@gmail.com
sampadak@rajmangalpublishers.in

प्रथम संस्करण : मार्च 2025 – पेपरबैक

प्रकाशक : राजमंगल प्रकाशन

राजमंगल प्रकाशन बिल्डिंग, 1st स्ट्रीट,

ओजोन, क्वार्सी, रामघाट रोड,

अलीगढ़, उ.प्र. – 202001, भारत

फ़ोन : +91 - 7017993445

First Edition : March. 2025 – Paperback
Printed by : Repro India LTD
eBook by : Rajmangal ePublishers (Digital Publishing Division)
Copyright © राकेश बिसारिया

आसमान में दरार एक प्रयास है, दिल की बात पारदर्शिता से कहने का। भावनाएं तभी सच्ची होती हैं, जब उनके पीछे ईमानदारी हो। दुनिया को ईमानदारी से देखना और बयान करना काव्य की प्रथम ज़िम्मेदारी है। इन कविताओं में कोशिश है, हमारे समय के अंधेरे और उजालों को सच्चाई से बताया जाए। आइए इस सफर में साथ चलते हैं।

राकेश बिसारिया

परिचय

शंकर रघुरमन

वरिष्ठ पत्रकार,

टाइम्स ऑफ इंडिया

तकरीबन चार साल पहले, मैं पहली बार राकेश से उनकी कविता के ज़रिए मिला। एक साझा दोस्त (जो बिना वजह हिंदी कविता की बारीकियों को लेकर झिझकते हैं) ने एक ग्रुप में राकेश की एक कविता पोस्ट की और उसका अंग्रेज़ी में अनुवाद करने की इच्छा ज़ाहिर की। मैंने बिना ज़्यादा सोचे अनुवाद कर दिया। उनकी कविता में झलकती सच्चाई ने, पहली ही बार में, मेरे मन को छू लिया। मुझे लगा, वे ऐसे शख़्स हैं जो अपने आसपास की दुनिया के प्रति अपनी भावनाओं और अहसासों को पूरी ईमानदारी से बयान करना चाहते थे।

जब आप इस संग्रह को पढ़ेंगे, तो आपको भी महसूस होगा कि इन कविताओं में कोई बनावटीपन या दिखावा नहीं है। इस संग्रह की 150 से ज़्यादा कविताएं इस सादगी को खूबसूरती से पेश करती है, जैसे उनकी *अल्फ़ाज़ों की दुनिया* :

"बिन भाव के, अल्फ़ाज़ों की इबादत में क्या रखा है।"

राकेश अपनी कविताओं में गहरी भावनाएं उजागर करते हैं, जो इसलिए और असरदार हो जाती है क्योंकि उसमें कोई अतिशयोक्ति नहीं होती। ग़ाज़ा,

मणिपुर, काबुल या यूक्रेन की घटनाओं पर उनकी बेचैनी गुस्से के उग्र रूप में नहीं, बल्कि एक ऐसे इंसान के एहसास में ज़ाहिर होती है जो इस क्रूरता के आम बन जाने से हैरान और परेशान है।

वही एहसास, आज के हिंदुस्तान की पृष्ठभूमि में लिखी गई उनकी कई कविताओं में दिखाई देता है। चारों ओर पागल हो रही दुनिया को समझने की कोशिश का, उनकी *भारत एक खोज*, उम्दा मिसाल है। उनकी कई रचनाएँ उस "भारत की तस्वीर" और उस सौम्य दुनिया की ओर लौटने की तड़प बयान करती हैं, जिसमें वे पले-बढ़े थे। गुज़रे वक़्त की उस नरम दुनिया की झलक उनकी कई कविताओं में मिलती है। साथ ही, उनकी जड़ें गंगा-जमुनी तहज़ीब में गहरी बसी हुई हैं। वे इस संस्कृति की अभिव्यक्तियों में पूरी तरह सहज महसूस करते हैं — चाहे वह हिंदू पौराणिक कथाओं के हवाले हों या गंगा, यमुना, सरयू और महाकुंभ का ज़िक्र। कांवरियों की आस्था के प्रति जुड़ाव उनके उस दौर को दर्शाती है, जब वे सड़कों पर पुराने बॉलीवुड गीतों की बिगड़ी हुई धुनें बजाने वाले गिरोहों के रूप में नहीं देखे जाते थे।

इस संग्रह में नसीरुद्दीन शाह, नौशाद, नीरज और साहिर जैसे आइकॉनिक शख़्सियतों पर बेहतरीन श्रद्धांजलियाँ भी शामिल हैं। साहिर पचास और साठ के दशक के सबसे अहम शायरों में से थे और उन्होंने अपनी तरक़्क़ी-पसंद सोच को काव्यात्मक हुनर के साथ जोड़ा। उनके शब्दों को राकेश जिस ख़ूबसूरती से अपनी कविता में पिरोते हैं, वह क़ाबिले-तारीफ़ है, जैसे:

"धड़कनें जिन्हें 'अंजाम तक लाना न हो मुमकिन,' उन्हें ख़ूबसूरत मोड़ तक पहुँचाया"

दिल्ली और कोलकाता उनकी कविताओं में बार-बार आते हैं, मगर इसके साथ ही चीन, सिंगापुर और फ़िलाडेल्फ़िया का भी ज़िक्र होता है। उनका भौगोलिक दायरा, उनकी कविताओं की इंसानियत जैसा विस्तृत है।

यही इंसानियत प्रवासी मज़दूरों के प्रति उनकी हमदर्दी में भी झलकती है—चाहे वे खाड़ी देशों में काम करने वाले हों या दिल्ली के किनारे ग़ाज़ीपुर लैंडफिल के बाशिंदे।

मौसमों में, सावन का उनका तसव्वुर बेहद जीवंत और जज़्बाती होता है, जिसमें तस्वीरों जैसी झलक को अलंकार के साथ बड़ी खूबसूरती से पिरोया गया है। *बरसात* नाम की उनकी एक कविता की ये पंक्तियाँ देखिए:

"ये आवारा बादलों का क़ाफ़िला, छत्तों पर कैसे उतर आया
ऐसा लगता है, कोई झोंका उनकी यादों की ख़ुशबू समेट लाया"

राकेश की कविताएँ उस दुनिया को फिर से ज़िंदा कर देती हैं, जिसमें वे पले-बढ़े थे लेकिन जिसे वे अब खो चुके हैं। उम्मीद है, युवा पीढ़ी के लिए ये कविताएँ दिखाएंगी कि एक अलग, अधिक मानवीय दुनिया — चाहे अधूरी ही सही — न सिर्फ़ मुमकिन है, बल्कि कभी हक़ीक़त भी थी।

आभार

दिल्ली विश्वविद्यालय में साहित्य अध्ययन के दौरान, मेरे मित्र प्रदीप दत्ता, अशोक भट्टाचार्य और मैं सृजनात्मक प्रक्रिया पर लंबी चर्चाएँ किया करते थे। ये कविताएँ उन्हीं चर्चाओं और साझा अनुभवों से प्रेरित हैं। प्रदीप और अशोक को मेरा दिल से आभार।

वरिष्ठ पत्रकार, श्री शंकर रघुरमन, ने कई कविताओं का अंग्रेज़ी में अनुवाद कर उन्हें नई सार्थकता दी है। शंकर के अनुवाद वस्तुतः मौलिक कविताएं हैं। श्री शंकर रघुरमन को मेरा हार्दिक आभार ।

श्री सत्य प्रकाश ने मुझे कविता लिखने के लिए प्रोत्साहित किया। श्री सत्य प्रकाश को मेरा हार्दिक आभार ।

प्रिय चंदन, तुम्हारे उजियारों के लिए ।

अनुक्रमणिका

ग़ाज़ीपुर लैंडफिल

हम दोपहर के राहगीर, और न कोई है ठिकाना हमारा
मन का सूरज राह दिखाए, और न कोई है फ़साना हमारा

ग़ाज़ीपुर लैंडफिल तले, काम है पहाड़ों पर चढ़ना हमारा
धूप की गंगा में नहाए दिन भर, चीलों से है दोस्ताना हमारा

कूड़े के ढलानों पर शाम ढले सो जाना, कोई भी न जाने है इम्तिहान हमारा
रात भर खांसना, चांद को हंसते देखना, कैसा है ये सपना हमारा

दिन की कटार सूरज के हाथों में किसने थमा दी, कोई जाने न है झुलसना हमारा
हर दरवाज़े पर धुआं, ये ज्चालामुखी बन गया है आग का सिरहाना हमारा

इतना जलने के बाद दिल क्यों जलता नहीं, कैसा है मन का ये आशियाना
हमारा
सावन भादों आंखों को सींचते, पुरबाई सुनाती है बेख़ुदी का तराना हमारा

ज़िन्दगी के दीवाने

ये दिन क्यों ढल जाते हैं, इन आंखों में
ये फ़िज़ा क्यों बहक जाती है, इन बातों में

ये दिल क्यूं धड़कता है, इन बाहों में
ये सांस क्यूं महकती है इन राहों में

इस ख़ार को खिला दिया, तुम ने फूलों से
दिल के आईने को दहला दिया, तुम ने होंठों से

इन शाख़ों के उजाले हैं, तुम्हारी नज़रों से
इन राहों में सजदे हैं, तुम्हारी पलकों से

बरसों की दास्ताँ क़ैद है इन दिल के धागों में
हम ने सिर्फ़ कुछ लम्हों को पिरोया है यादों में

अरमानों का ज़िक्र मत करों, उनको कभी जिया नहीं
मेहरबानियों को मत भूलो, उनसे कभी कुछ छुपा नहीं

इससे आगे क्या है, इस उधेड़बुन में क्या पड़ना
समुंदर सामने है, अब किसी लहर से क्या डरना

सुबह जो किरण उतरेगी, वो तुम्हारी याद दिलाएगी
तुम दिखो न दिखो, रोशनी बाहर खींच ले जाएगी

अंधेरे छुपे रहते हैं मन, मंदिर, मद की मझधारों में
बिन प्रेम की लौ, जज़्बात जल जाते हैं, आशियानों में

जब सोते सोते आवाज़ें सुनो तुम, गलियों मैं बरात बाजों की
सुनकर सो मत जाना, ये आवाज़ें है ज़िन्दगी के दीवानों की

कोविड - सफेद खामोशियां

मौसम ने करवट ली है, क्या आज दिलों की सुन लूं
बहारों ने की है इबादत, क्या आज फूलों की सुन लूं

ये आशियां सो रहा है कब से, सुबह की रोशनी में नहाया
घुटती सांसों ने की है कुछ बात, क्या आज खामोशियों की सुन लूं

वो चले गए तपती दोपहर में, शाम का इंतजार तो किया होता
यादों ने किया है तक़ाज़ा, क्या आज धड़कनों की सुन लूं

वो डालियों पर हंसते सफ़ेद सितारे, वो धरती से जुदा निर्मोही पत्तियां
लाखों गुलों की उमंगो ने किया है मलाल, क्या आज रिश्तों की सुन लूं

वो सड़कों पर बिछड़ती कसमें, वो वादे, वो गंगा में बहते अधूरे इरादे
सहमे हुए चेहरों ने किया है सवाल, क्या आज उन सवालों की सुन लूं

प्यार की ग़ज़ल

प्यार को इतने नज़दीक से देखा है
उसकी रोशनी में हम ने अपना अक्स देखा है

दिल की डोर ने उनकी पलकों को झुका रखा है
यादों के धागों ने उनकी सांसों को महका रखा है

आसमां निहारते हम ने उनके इंतज़ार को देखा है
बादलों में सिमटते हम ने उनके इज़हार को देखा है

सुबह की ओस में उन्हें प्यार के पल चुनते देखा है
इस सफ़र में इन मोतियों को हम ने सागर बनते देखा है

रात दिन हैं पलटते पन्नों की तरह, श्वांसों ने इस किताब को देखा है
ज़रा आहिस्ते से आना, हम ने प्यार की ग़ज़ल को बनते देखा है

भारत एक खोज़, पढ़ने पर

नज़ारे वही, फ़िज़ाएं वही, आसमाँ वही, फूलों की रंगत वही
फिर क्यों बदली बदली लगती है मेरी यादों की ये सरज़मीं

क्या करोड़ों यादों का जाम इन धूल भरी गलियों में कहीं छलक गया
क्या सावन की आँधियों का सोंधापन इन सड़कों पर कहीं भटक गया

कितने राहगीर मिले है यहाँ, किस के पास ये हिसाब होगा
कितने क़दमों को धूल ने चूमा होगा, किस के पास ये जवाब होगा

उन्होंने आकर बसा ली मिट्टी की सुगन्ध साँसों में, वो दिल की कशिश भूल गए
उनके घर बार महकने लगे, वो देवदार के सायों में मरुस्थल की तपिश भूल गए

इस ज़मीं को सींचा है पुश्तों ने तपते आसमान तले अपना वजूद मिटा कर
खरपतवार से जूझते हाथों ने पनाह ली है मिट्टी में अपना वजूद मिटा कर

देखेंगे हम इस करोड़ों किरणों के सूरज को, रोशनी बदलती है इसकी हर पहर
ढूँढेंगे हम आँखों के सागर में, उनमें में है सदियों की बदलती लहरों का सफर

इसे फरिश्तों की नगरी समझने की भूल कर बैठा, अफ़सोस नहीं मुझे
वापिस जाती घटाओं को सलाम करने की भूल कर बैठा, अफ़सोस नहीं मुझे

आज जो भीड़ें उमड़ती हैं, उन चेहरों में है अजंता के अवलोकितेश्वर का वास
आज जो सड़कों पर हैं बैठे मोहताज, उन चेहरों में है कबीर का निर्गुण विश्वास

जाना पड़ेगा हिंदुस्तान की खोज मैं, कितने मेलों में, अंदाज़ नही कहां होगा
सवेरा
शायद धुंधले आसमां में दिख जाए, बादलों के काफिलों में, इक बाट जोहता
चेहरा

केसरिया बालम

'केसरिया बालम पधारो म्हारे देस'
नयना पुलकित, फिर उर में कैसी ठेस

कैसी झूमी घर आंगन, अमिया की बौर
मन की सुनी कभी न, सावन को नही ठौर

मुंडेर पर भोर बुलावे, दुनिया को रात दिन शोर
दोपहर किरकिराये कजरा सी, शाम खींचे डोर

पिया प्यारी पग पग भटकी, कैसे जानू मीत
'आंबा मीठी आमरी,' चाहूं अमृत जैसी प्रीत

मांगू न कंगना, मांगू न चंद्रहार, मांगू नई रीत
न मांगू 'रन मीठी तलवार', मांगू अपनी प्रीत

लम्हें

लम्हों को माला में पिरोने चला है, कोई दीवाना फिर से
उजालों को धागे से जोड़ने चला है, कोई परवाना फिर से

पलक झपकने में युग बीत जाते हैं, उसे मालूम नहीं
अपने प्यार का इज़हार करने चला है, कोई अनजाना फिर से

पूरा संसार सेज सा सज गया था, पहले पल के शुरु होते ही
बारात का मुहूर्त मालूम करने चला है, कोई मस्ताना फिर से

पल पल में हसरतें हैं हर ज़र्रें की, पूछो इन बूँदों के क़ाफिले से
फूलों का गुलदस्ता लिए मिलने चला है, कोई बेगाना फिर से

मन में ख़िज़ा आती है पल में, मन में बहार पुकारती है पल में
सुबह की शबनम आंखों में ढूँढने चला है, कोई अफ़साना फिर से

दिल को समझाऊँ

इन लम्हों को पास बुला लूं, कहीं ये यादें रहें न रहें
हमारी तुम्हारी गुफ़्तगू जी लूं, कहीं ये बातें रहें न रहें

सिर्फ सावन का तस्सुवर करना, कैसे रास आएगा मुझे
इस उठती घटा के दरस कर लूं, कहीं ये फुहारें रहें न रहें

तुम्हारे आने से रौशन हो जाएंगी दिल की अंधेरी बस्तियां
आंखों के सागर में ख़ुद को देख लूं, कहीं ये निगाहें रहें न रहें

ढूँढना होगा इन फूलों की रंगत में, अपने बेरंग सपनों को भी
इस मौसम में ये बेताब शाखें छू लूं, कहीं ये बहारें रहें न रहें

मिलना बिछुड़ना हैं धूप छांव की तरह, छलते हैं यें चित को हर रोज़
अपने दिल को अभी से समझाऊँ, कहीं ये मुलाक़ातें रहें न रहें.

दिल के अक्स दिखते नहीं

गुलशन में जाना छोड़ दिया है, गुल अब वहां खिलते नहीं
ख़ार से नाता तोड़ दिया है, कांटे भी गर्मजोशी से मिलते नहीं

काग़ज़ की कश्तियां थीं जो, सैलाब में पूरी बह गईं
ख़्वाब दोबारा कैसे देखें, वो सागर से सवाल करते नहीं

सामने जो बदल रहा है हर रोज़, उससे कोई शिकायत नहीं
दीवारों को तो टूटना था, शिकायत है नए मकान बनते नहीं

दूसरे के हकों की बात सुनकर, मन के मैल उभरते हैं शोलों की तरह
दुनिया को वो क्या इंसाफ़ देंगे, दिल के अक्स तक उन्हें दिखते नहीं

सोचते हैं ज़िंदगी चमक रही हैं, किसी से वो नाता जोड़ लें
करोड़ों हैं हताश जीने के लिए, फिर कोई अज़ीज़ उन्हें क्यों लगते नहीं

बरसात

ये सुबह सुबह दिल को क़रार कैसे आ गया
ऐसा लगता है बरसात का मौसम फिर आ गया

ये आवारा बादलों का क़ाफ़िला, छत्तों पर कैसे उतर आया
ऐसा लगता है, कोई झोंका उनकी यादों की ख़ुशबू समेट लाया

ये उमड़ती घटाओं का छज्जों पर झुकना, फिर पास आकर चले जाना
ऐसा लगता है, सपनों में किसी का तसव्वुर करना, फिर सुबह तक भूल जाना

ये इठलाती पुरवाई खिड़की पर दस्तक क्यों देती है, इन फुहारों में
ऐसा लगता है, ज़िंदगी चौमासे भुलाने नहीं देती है, दोपहर के ग़ुबारों में

जो तुमने कहा बरसात की लंबी लंबी रातों में, उसके हर लफ़्ज़ को बूंदों ने सुना है
ऐसा लगता है, सावन की किताब में हर दिल के हिस्से का वर्क छुपा है

प्रयागराज महाकुंभ

अगर तुम प्रयागराज कुंभ जाओ
डुबकी लगा कर वापिस मत चले आओ

ज़रा झुको, फिर ये प्रीत कुंभ उठाओ
मानवता का अमृत लोगों तक पहुँचाओ

लाखों की धड़कन से जुड़ जाओ
फिर मिल कर मैत्री भोज बनाओ

गंगा स्नान कर मन के मैल मिटाओ
प्रेम रस धारा का तिलक लगाओ

इस सफ़ेद रेत के हर कण में युग देखो
जात पात, भेद भाव के कीचड़ छोड़ो

गंगा आरती की लौ में परब्रह्म जगाओ
इस अलख में चेतना के सपने सजाओ

इस संगम को सिर्फ़ धारों का विलय मत समझो
ये है आईना, इसमें 140 करोड़ के चेहरे देखो

कुंभ है महायज्ञ, दिल के अंधेरों की आहुति चढ़ाओ
द्वेष, हिंसा के धर्म संसद छोड़, प्रीत की रीत चलाओ

आंगन से आंगन जोड़ो, लहर से लहर जोड़ो
दिलों के धागों से इस कुंभ का गौरव बढ़ाओ

इस महासभा को निष्ठा, विज्ञान का संदेश सुनाओ
इस महासंगम को प्रगति का प्रकाश स्तंभ बनाओ

अदभुत साहस

लाखों धड़कनों को तुमने चाहें ज़ुबाँ दी हो, अकेले चलने में डर तो लगता है

कहानियाँ बहुत सी सुनाई हों तुमने, फिर भी अपनी कहानी कहने में डर तो लगता है

कितने शहर थक चुके हैं, कितने ख़्वाब बिखर चुके हैं, कोई हिसाब नहीं

तुम ने ढहते लोग, ढहते ईमान देखें हैं, फिर भी झूट का मलबा साफ करने में डर तो लगता है

अभी अभी तो सुबह हुई थी, ये अंधेरे कैसे नज़दीक आ गए

अंधेरे दिलों में थे हमेशा, फिर भी अंधेरों से नज़दीकियाँ बनाने में डर तो लगता है

ये सैलाब बेरहमी से बहा ले जाएगा किनारों की रौशन कश्तियों को भी

नाकामी के कीचड़ को चाहें कोई गंगा बताए, फिर भी दलदल को अपनाने में डर तो लगता है

सोचा न था, ऐसे भी लोग हैं, जिन्हें आज़ादी का खुला आसमां रास न आएगा

दूसरों को जकड़ते हैं जंजीरों में, फिर भी अपने मन को कैद करने में डर तो लगता है

ग़ाज़ा

ग़ाज़ा की सुबह से जब शाम होती है, हमारी आवाज़ें बेज़ान होती हैं

हमारी सांसें, 'सेफ़ हेवन' की तलाश में, अकसर ख़ाक होती हैं

जब मालूम नहीं कहां जाना है, रात दिन धूल के गुबार होते है

फूल शोले से दहकते हैं, धूप छांव जलते हुए खार होते हैं

ये पल हैं उम्मीद से जुदा, फिर भी ये पल हमारे अपने तो होते हैं

किसी 'मरीन' की निगाहें कभी नम हो जाएं, वो जीने के सहारे तो होते हैं

कोई कहता है लेबेनान जाएंगे, कोई कहता है हम ज़ॉर्डन पहुचेंगे

कोई कुछ भी कहे, हमें मालूम है, हम ग़ाज़ा की क़ैद में लौट जाएंगे

जल रही है सुबह, जल रही है शाम, जल रहे है इस ज़मीं के वर्क

जल रहे हैं रात दिन, जल रहें हैं बचपन, जल रही है पैलिस्टाइन की आस

ये आग सिर्फ ज़मीं की आग नहीं, ये आग है इक 'इन्फ्रेनो' की बेईमानी

ये आग जला रही है केनान की रोशनी, ये आग जला रही है इज़राइल की कहानी

साहिर की यादें

साहिर ने करोड़ों को ज़ुबां दी ऐसी, दिल को आईना मिल गया
साहिर ने प्यार को मंज़िल दी ऐसी, जीने को ज़माना मिल गया

लम्हों की दास्ताँ को ऐसे सुनाया, 'पल दो पल की हस्ती' को आफ़ताब बनाया
मिट्टी की आवाज़ को ऐसे अपनाया, ज़माने का दर्द आंखों में भर आया

'बर्बादियों का सोज' न मनाया, 'हर फ़िक्र को धुएँ में' उड़ाया
गम और ख़ुशी दोनों को अपनाया, 'दिल को ऐसे मक़ाम' पर पहुँचाया

धड़कने जिन्हें 'अंजाम तक लाना न हो मुमकिन, उन्हें खूबसूरत मोड़' तक पहुँचाया
दिल को इतने नज़दीक से देखा, दिल की मजबूरियों का अहसास कराया

साहिर के नग़मों ने आंखों के आब को उठाया, ज़िंदगियों के धारों को गंगा बनाया
बेहतर कहने वालों को समुंदर दिखाया, बेहतर सुनने वालों को साहिल बनाया

कोलकत्ता - तुम कहीं सो न जाना

इस चमन में, तुम शिकार मत हो जाना
तुम कहीं सो न जाना, ख़ाक हो न जाना

फूल हो या कांटें, इनके क़रीब मत आना
ज़मीं को भी सोचे बिन मत अपनाना

क़त्ल और रेप का चल रहा है ज़माना
भारत महान में औरतों का नही है ठिकाना

यू न सिक्योरिटी काउंसिल में हमें हर हाल में है जाना
लेकिन शाम ढलते अबलाओं को वापिस घर है आ आना

2047 तक भारत को है पूरा विकसित हो जाना
सिर्फ़ 50% वर्कफोर्स से हमें ये लक्ष्य है पाना

गांधी, टैगोर, शरत की भूमि, तुमको है भूल जाना
बंकिम, राममोहन, माइकल को ज़ुबाँ पर मत लाना

अस्पतालों के सफ़ेद स्ट्रेचर्स में तुम्हें पनाह है पाना
सफ़ेद स्क्रब्स के हीलिंग टच से तुम्हें है ख़ौफ़ खाना

ऐसा कैसे चलेगा, ये सवाल तो तुम किताब में लिख जाना
कहीं कोई तो सेफ कॉरिडोर हों, इसका हिसाब कर जाना

हिंदू कॉलेज, दिल्ली विश्वविद्यालय

इन कॉरिडोर्स में कितने आसमां झुके, मालूम नहीं
इन लेक्चर रूम्स में, कितने ख़्वाब सोए, मालूम नहीं

दिल ने यहां धड़कना सीखा, दिल को आईना मिल गया
छंदों में जो दिल टूटे, वो क्यों इतना रोए, मालूम नहीं

दुनिया से बेख़बर, प्रो. ऋषि राम, ने दुनिया के उजियारे देखे
कीट्स, शैली के अँधेरे भी क्यों पलकों से उठाये, मालूम नहीं

शेक्सपियर के ओथैलो ने रोशनी ठुकरा कर, प्रो. मित्रा को किया हताश
पहले कोई रोशनी बुझाये, फिर कोई रोशनी मिटाये, मालूम नहीं

कहां वो आसमाँ, कहां वो हसरतें, कहां हैं वो पल पल जीने के ख़्वाब
कहां हैं वो रोशनी से छलकते प्याले , कोई तो बताए, मालूम नहीं

बेमाने लगता है

अब यहां प्यार की क़समे खाना बेमाने लगता है
अब यहां दिल की बातें बताना बेमाने लगता है

सोचते हैं लोग, शीशे में यादों का वजूद भी मिटा देंगे
अब यहां पुरानी बातें दोहराना बेमाने लगता है

रोशनी से दुश्मनी हमेशा रही है, अंधेरों के राहगीरों की
अब यहां स्याह राहों में चिराग़ जलाना बेमाने लगता है

सनातन धर्म सोच है, प्रेम की डोर थामे इक सभ्य समाज की
अब यहां भीड़ को भाईचारे के पाठ पढ़ाना बेमाने लगता है

आँगनों को राख कर, बस्तियों को उजाड़ कर, राष्ट्र नही सिर्फ जागीरें बनती हैं
अब यहाँ गंगा जमुना जलती देख, समुंदर के सपने दिखाना बेमाने लगता है

कोलकत्ता तराना

कोलकत्ता तेरी गलियों में तेरा तराना अच्छा लगता हैं
इतने सितम के बावजूद तेरा मुस्कराना अच्छा लगता है

कितना सहा है तू ने, ये देख़ दिल को यक़ीन नहीं होता
कांटों का ताज पहने है तू, लेकिन तेरा आशियाना अच्छा लगता है

ये इमारतों की बीमारी, ये सड़कों की बदहवासी, ये जंग लगे शहर की लाचारी
ज़िंदगी क़ैद है यहां, लेकिन तेरे सपनों का पैमाना अच्छा लगता है

जज़्बातों को वक़्त है यहां, अपनी बात कहने का, निगाहों को जानने का
आलीशान इमारतों का सपना न हो, लेकिन शाम को सुबह का अफ़साना अच्छा लगता है

हक़ों की लड़ाई देखी है यहां, विचारों की सायेदार डलियों तले
माहौल कैसे भी हों, लेकिन टैगोर की इंसानियत का ख़ज़ाना अच्छा लगता है

ये गम न होगा

इस दौर के टुकड़ों से नज़र मिला लूं, फिर बिखरने का गम न होगा
पहले जाम होठों से लगा लूं, फिर बहकने का गम न होगा

इस चमन को सलाम कर लूं, बहारों का अब कोई ठिकाना नहीं
पहले इस खार से रिश्ता जोड़ लूं, फिर भटकने का ग़म न होगा

प्यार की रोशनी ज़मीं से आसमां तक पहुँचतीं हों जहां, इबादत हर पल है वहां
इन निगाहों को दिल में उतार लूं, फिर बिछड़ने का ग़म न होगा

जिनकी सांसें रुक जाती हैं, सरेआम आसमां की बेरुख़ी देखकर
पहले उनकी डूबती नब्ज़ों को थाम लूं, फिर डूबने का ग़म न होगा

इन बादलों का सफ़र, इन शाख़ों की ललक, करोड़ों शायद देख न पायेंगे
पुरबाई से उनका पता ले लूं, फिर इस दिल धड़कने का गम न होगा

काबुल रोया

काबुल के धमाके दहला रहे हैं अंधेरे से जूझते हताशों को
हिन्दु कुश की बर्फीली दीवारों के चमकते आसमानों को

कैद है बचपन यहाँ सहमे आँगनों में, कैद है बुढ़ापा यहाँ झुलसे सहनों में
कैद है जवानी यहाँ बिखरते रिश्तों में, कैद है ज़िंदगी यहाँ जन्नत के सपनों में

मोहताज हैं रात दिन यहाँ कलिश्रकोव उठाए परछाइयों की
गिरफ़्तार है हर पल यहाँ आरपीजी उठाए बदहवास फिदायीनो की

इस रुमी की धरती से वो कभी जुड़ न पाएँगे, जो मुँह फेर लेते हैं ज़िंदगी की
रौशन राहों में
सोचो बहार आने को है अमु दरिया की पथरीली धारों में, रस बिखरते चमन के
बागों मे

अफ़ग़ानिस्तान की विरासत वो कैसे जानेंगे, ख़ुदकुशी करते हैं जो बामियान की
घाटियों मैं
रूस, अमेरिका की बातें छोड़, अपना वजूद फिर ढूँढना होगा तुम्हें अमन की
वादियों में

ये आग, ये उम्मीदों का जलना, ये बच्चों और औरतों का बेघर होना, दस्तक दे
रहा है उजाड़ राहों में

जब बर्फ़ पिघलने लगे, तुम देख तो लेना अपनी बेटियों का सजदा, काबुल के झुकते चिनारों मैं

चीन की धरती

ये माओ की धरती हैं, ये कुबलाई ख़ान की सरज़मीं है
ज़रें ज़रें में इंसा की हैं उम्मीदें, ये हिंदुस्तान का हमनशीं है

यहां बीजिंग के साइप्रेस, बर्फ़ीली हवाओं को पहचानते हैं
कल्चरल रेवोलुशन के अंधेरे अब लोग नहीं जानते हैं

यांगशौ के पहाड़, नदियों के शीशे में ख़ुद को देखते हैं दिन भर
बैम्बू बोट्स के मल्लाह ग्राहकों के इंतज़ार में ख़ुद से बातें करते हैं दिन भर

खुले सीवेज डुबोते नहीं झीलों और झरनों के किनारों को
गार्बेज के ढेर घोंटते नहीं इंसान की तरह जीने के इरादों को

करोड़ों को पचास साल में ग़रीबी से निकालना, ईमानदारी कहते हैं
एक नया चमन बनाना सब के लिए, भागेदारी कहते हैं

चीन के सूरज का अंदाज़ होता है, लोगों की उम्मीद देख कर
चीन के ख़्वाबों का अंदाज़ होता है, ख़्वाबों की ताबीर देख कर

जब उनसे मिलोगे

जब उन्हें देखोगे, तो श्वांस में घुल जाओगे
जब उन्हें चाहोगे, तो उजियारों में मिल जाओगे

जब उनसे मिलोगे, तो हिस्सों से परे हो जाओगे
जब उनको पाओगे, तो कायनात से जुड़ जाओगे

पल्लू और हिजाब दोनों को माथे से लगाओगे
बाट जोहती निगाहों में गंगा का नूर पाओगे

रोटी की ख़ुशबू हर घर की चौखट तक ले जाओगे
दूध पीते हर बच्चे में परब्रह्म की रजा बताओगे

मन की त्रिवेणी में इंसा के वजूद का कुंभ मनाओगे
अंधियारे पीछे छोड़, उनकी प्रीत की अलख जलाओगे

राम उपासना

कोई तो प्रभु राम के इतने क़रीब आए
नत मस्तक हो इंसानियत के फूल चढ़ाए
दिल के अंधेरों में मोहब्बत के चिराग़ जलाए
भटकती ज़िंदगियों को उम्मीदों के उजाले दिखाए

पहले वो ख़ुद से मिल ले, फिर अयोध्या जाए
पहले दिल के आब जुटाए, फिर अभिषेक कराए
पहले मन के अंधेरों से निकले, फिर राम की रोशनी में समाए
पहले नफ़रत के कीचड़ छोड़े, फिर सरयू के धारों में नहाए

कोई तो भूख मिटाते ग्रास में राम की रज़ा जताए
कोई तो दूध पीते बच्चे में पालनहार की दुआ सुझाए
कोई तो छांव करती डालियों को राघव की कृपा बताए
कोई तो गले मिलते पड़ोसियों में महासार का सार दर्शाए

इस साकेत की सुबह की तस्वीर, कोई तो याद कराए
श्वांस में पलते ख़्वाबों की ताबीर, कोई तो याद कराए
उजली रेत पर उभरती तारीख़, कोई तो याद कराए
त्रेता के सेतुकृत की तहज़ीब, कोई तो याद कराए

गर तुम इस दिल को मरने नही दोगे, तो राम को पास पाओगे

गर तुम दूसरों के अधिकारों की फसल सींचोगे, तो राम को पास पाओगे

गर तुम पड़ोसियों के आंगन रौशन करोगे, तो राम को पास पाओगे

गर तुम देश की माटी की ख़ुशबू मरने नही दोगे, तो राम को पास पाओगे

हमारे ग़म, ग़म न थे

इस भीड़ में ऐसे खोए, मानों हम कभी हम न थे
इस शहर में ऐसे सोए, मानों हमारे ग़म कभी ग़म न थे

हम रात रात भर जागे, तुम्हारे आने के इंतज़ार में
तुम्हें ऐसे क्यों चाहा, मानों हमारे ज़ख़्म कभी ज़ख़्म न थे

पुरानी राहों से दूर होते गए, सोचा न कुछ अपनी ज़िद में
आशियाने भुला दिए, मानों यादों के सितम कभी सितम न थे

न गंगा नहाये, न अयोध्या गए, बस चलते रहे सफर में
हर चेहरे में रोशनी देखी, मानों बाक़ी धरम कभी धरम न थे

सोचता हूं तुम इक नया शहर बसाओ दिलों के वीरानों में
जहां दिल की हसरतें देखूं, मानों जीने के भरम कभी भरम न थे

माटी से अलग कैसे करें

हमारी यादें लता की तरह फैली हैं, माटी से अलग कैसे करें
ख्वाबों के फूल ज़मीं से उलझे हैं, धरती से अलग कैसे करें

इन लहलहाती फसलों को, बड़े जतन से खड़ा किया है इस चमन में
भूख ने तो धान से परहेज़ कर लिया,प्यास को पानी से अलग कैसे करें

हर रात अपना चेहरा देखता हूँ, उसमें कितने चेहरे छुपे हुए हैं
भीड़ में छुपने की कोशिश में, खुद को ख़ामोशी से अलग कैसे करे

कैसा है ये जुनून, जैसे कोई सुबह होते ही अपने साये से दुश्मनी कर बेठे
हम साथ साथ थे अंधेरों में, अब सूरज उगा है, रोशनी से अलग कैसे करे

हमारे जाने पर अफ़सोस तो तुम्हें भी होगा, गुल खिलेंगे ठंडी वादियों में
बर्फ़ की चादर ओढ़े हम ने फिज़ाओं को देखा है, अब कलियाँ चटकी है ज़िंदगी
से अलग कैसे करे

कवि नीरज की यादें

जेठ की दोपहर फैली थी सागर जैसी, इटावा के उतार चढ़ाव रास्तों में
टाइपराइटर कंधे पर उठाए, कोई डूबा हुआ था अनकहे गीतों के ख़्वाबों में

सत्याग्रह की रोशनी फैली थी ढहते हुए शहरों में, नींद से जागे क़स्बों और देहातों में
जेल की सलाख़ों के पीछे भी वो तसव्वुर कर रहे थे, सिमटती धूप जमुना के खारों में

कानपुर था वो प्रकाशस्तंभ, जहां छलक रहा था आज़ादी का जाम
डी. ए. वी. कॉलेज के प्रांगण में काव्य को मिल रहा था नया नाम

वाजपेयी देख रहे थे वो मकाम, जहां द्रंड इरादों की पतवार बांध रही थी ज़िंदगी की कश्तियों को
ज़माना बदल रहा था, नीरज के गीत रौशन कर रहे थे करोड़ों दिलों के अनजान सागरों को

उन्होंने झज्जों पर पुकारती पुरवाई में प्रेम विरह की कहानी सुनी
उन्होंने गंगा को गोद उठाए इठलाती चाँदनी में प्रेम की रोशनी देखी

छंद और संगीत मिलकर कैसे दौर की ज़ुबां बन जाते हैं, ये दौर को याद रहे

हज़ारों ज़ुबान पर हैं उनके नग़मे, जो अनमोल शीशा बनकर उन ज़िंदगियों के साथ रहे

क्या काव्य अभी भी गूंजता होगा राधा वल्लभ दीक्षित की क्रांति का इटावा की खारों में
क्या ताने अभी भी झंकृत होंगी उस्ताद इमदाद खान के सितार की इटावा के चौबारों में

कहां वो धूप जहां 'ज़िंदगी फिसल गई', कहां वो नींद जहां 'हाय धूप ढल गई'
कहां वो होठ 'कि हर बहार को पुकार दूँ', कहां वो साँस 'कि स्वर्ग भूमी पर उतार दूँ'
आज अलीगढ़ की फ़िज़ा में छलकते हैं नीरज और शहरयार की दोस्ती के जाम
'ये ज़मीं चाँद से बेहतर नज़र आती है,' शाम लिखती है ये पाती रोशनी के नाम

ग्लानिर्भवति भारत

सुबह से डर लगता है, कहीं रोशनी से दुश्मनी न कर ले यहां
सोए उजालों से डर लगता है, कहीं ख़ुदकुशी न कर लें यहां

तोड़ने, खोदने के इस दौर में, इंसाफ़ को कौन याद करता होगा
आज के धृतराष्ट्रों के पाखंड से डर लगता है, कहीं इंद्रप्रस्थ में राहज़नी न कर लें
यहां

बार बार मज़हब की बात कर के, वो ज़िम्मेदारियों से बचते रहे हैं
आज के कृपाचार्यों की तालीम से डर लगता है, कहीं संविधान से दिल्लगी न
कर लें यहां

दोस्ती की सौगंध खा कर, सुबह उठ कर गंगा के सच्चे जल से अभिषेक करते हैं
आज के दुर्योधनों की निष्ठा से डर लगता है, कहीं लाक्षाघर से बराबरी न कर लें
यहां

'यदा यदा हि धर्मस्य ग्लानिर्भवति भारत,' बार बार सुनते रहे हैं
आज के द्रोणों के धरम से डर लगता है, कहीं गंगा को भी मटमैली न कर लें
यहां

प्यार की मजबूरियों से मायूसी होती है, लेकिन गुनाह नहीं इंसानियत के मंदिर
में

आज के शांतनु की मोहब्बत से डर लगता है, कहीं जज़्बातों से हेराकिरी न कर
लें यहां

क्या ये कवि हैं ?

आज के कवि कहीं गाज न गिरा दें, डर लगता है
आज के कवि कहीं धरती न जला दें, डर लगता है

वो 'छंद की गंध' छोड़, नफ़रत की तिजारत करते हैं
वो मुग़लों की बात कर, झूठ की हिफ़ाज़त करते हैं

वो वाट्सएप पर इतिहास पढ़, अपने पड़ोसियों पर शोले बरसाते हैं
बशीर बद्र, वसीम बरेलवी, जावेद अख्तर के सपने खाक में मिलाते हैं

वो राम कथा का पाखंड रच, नई फसलों को जलाते हैं
मन के कड़वे फल फिर करुणानिधान को परोसे जाते हैं

तोड़ फोड़, हिंसा के हथियार, निर्बलों पर आजमाए जाते हैं
रोटी की ख़ुशबू पर ख़ुदगर्ज़ी के बुलडोज़र चलाए जाते हैं

बिन मन के आब के, ग़ज़ल का आब कहां रह जाएगा
गर गीत बंजर हो गए, शब्दों में सिर्फ़ प्रचार रह जाएगा

अदभुत साहस - नसीरुद्दीन शाह

'चक्र' में उलझों को कुछ ऐसे जोड़ा, उन्हें मानों दर्पन मिल गया
'मासूम' दिलों को कुछ ऐसे सींचा, उन्हें मानों सावन मिल गया

उनके किरदार भटकते रहे, अंधेरे उजालों की भूल भुलैया में
किरदारों की सच्चाई को कुछ ऐसे बताया, सच्चाई को मानों जीवन मिल गया

टूटी जिंदगियां लोग झुठलाते रहे, मिट्टी की बेबाक ख़ामोशी में
मिट्टी में ख़्वाबों को कुछ ऐसे ढूँढा, ख़्वाबों को मानों यौवन मिल गया

ग़ालिब के दौर की नाकामियों को हंस कर टालते रहे, ग़ालिब के अंदाज़ में
महफ़िल में उन्होंने इश्क़ को कुछ ऐसे याद किया, इश्क़ को मानों जोबन मिल
गया

मीठी हाला बदहवास करती रही, कतरे कतरे में, लम्हे लम्हे में
"मंथन', 'निशांत' में कांटों को उन्होंने इतने क़रीब पाया, कांटों को भी मानों
बिछावन मिल गया

किरदारों के अंधेरे उजाले, वो ईमानदारी से निभाते रहे, हर मौसम में
ईमानदारी को कुछ ऐसे मज़हब बनाया, ईमानदारी को मानों कुंदन मिल गया

अल्फ़ाज़ों की दुनिया

बिन चाह के, अल्फ़ाज़ों की चाहत में क्या रक्खा है

बिन भाव के, अल्फ़ाज़ों की इबादत में क्या रक्खा है

दिल की सच्चाई महकती है चम्पा सी आँगन में

बिन साच के, अल्फ़ाज़ों की इबारत में क्या रक्खा है

जब अरदास करो तो पाप पुन्य का क्या हिसाब रखना

बिन मन के आब के, त्रिवेणी की नियामत में क्या रक्खा है

प्यार का इज़हार ऐसे करें, हर खामोश श्वांस को अल्फाज़ मिल जाएँ

बिन बेबाक श्वांसों के, जनम जनम की मोहब्बत में क्या रक्खा है

अल्फाजों की कटार जब उठे, तुम अल्फाजों का मरहम बन जाना

बिन प्रीत की रीत के, इस अधूरी जम्हूरियत में क्या रक्खा है

अल्फ़ाज़ों के खेल में मायने ख़त्म न हो जाएँ, मायने में ब्रह्म बसता है

बिन मायने के, इस दुनिया की सुबह शाम की तिजारत में क्या रक्खा है

वापसी

सावन में लौट आए हो तुम घर, फिर बूँदों का हिसाब क्यों माँगते हो
झड़ी लगी थी यादों की, फिर सिर्फ़ कुछ लम्हों का हिसाब क्यों माँगते हो

जिन बागों को हमने चाहा, क्या वो तुम्हारे इस आने जाने में बदल गए खारों में
दुनिया को मुझ पर यकीं ना था कभी, फिर तुम दुनियादारों का हिसाब क्यों माँगते हो

हर मोड़ पर दिलों के अंधेरे गहरे होते गए, आसमाँ बंटता गया हर चौराहे पर
तुम गुल और गुलिस्ताँ दोनो मिटाते रहे, फिर फूलों का हिसाब क्यों माँगते हो

तुम जीतने की चाह में फूलों से नफ़रत करते रहे बेपनाह, सोशल मीडिया के चौबारों में
धूल की आँधियों में कुम्हला गईं शाखें, फिर बिखरे सपनों का हिसाब क्यों माँगते हो

.

तुम नाम बदलते रहे शहरों के, सड़कों के, अपनी पहचान बनाने के लिए
रोशनी बिन पहचान कैसे हो, फिर अँधेरे में उजालों का हिसाब क्यों माँगते हो

दिल बंजारा

जब गली के छज्जे, नज़रें झुकाए देखते रहे धुएँ के धब्बों को, दिल मेरा बंजारा
हो गया ख़ामोशी की राहों में
जब नाम बदलना पड़ा जीने के लिए मजबूर हो कर, दिल मेरा बंजारा हो गया
शर्मिंदगी की राहों में

जब अपने नए चेहरे को पहचान नहीं पाया आईने में, दिल मेरा बंजारा हो गया
अनजान राहों में
जब चौराहों पर भीड़ों से बच कर निकलना शुरु कर दिया, दिल मेरा बंजारा हो
गया वीरान राहों में

जब बाग के नए फूलों को देख कर भी मेरा मन ना महका, दिल मेरा बंजारा हो
गया बेसुकून राहों में
जब बारिश का सुबह सुबह खिड़की पर दस्तक देना भी अखरने लगा, दिल मेरा
बंजारा हो गया जुनून की राहों में

जब कैनडा जाने के पेपर्स आ गए मेरी वर्क टेबल पर, दिल मेरा बंजारा हो गया
इस बसर की राहों में
जब एयरपोर्ट का टैक्सी सफर आ गया सामने, दिल मेरा बंजारा हो गया इस
शहर की राहों में

जब प्लेन की खिड़की से आसमाँ की झलक चुराने का वक़्त आ गया, दिल मेरा बंजारा हो गया बंदगी की राहों में

जब 'क्यूँ ये हुआ' सोचने का लम्हा आ गया, दिल मेरा बंजारा हो गया ज़िंदगी की राहों में

मुमकिन नही

रात के अंधेरे में वो चाहें इक शाख झुका दे, ये मुमकिन नही
रात के अंधेरे में वो चाहें इक ख़्वाब जला दे, ये मुमकिन नही

खिज़ा की आड़ में वो चाहें हर रंग मिटा दे, ये मुमकिन नही
आसमां बांट कर वो चाहें सावन भटका दे, ये मुमकिन नही

अंधकार सपनों से अगर कोई बांधे, तुम मोहब्बत का उजाला बनना
बंजर शब्दों से अगर कोई बांटे, तुम दिलों की लौ का सजदा करना

भूलना नहीं कभी, त्रिवेणी संगम के हर बुलबुले में इक आस पलती है
भूलना नहीं कभी, तुम्हारे अंतर मन में करोड़ों सपनों के दीप जलते हैं

तुम्हारा अक्स

यादों के सैलाब, धागों में पिरोने चला है कोई दीवाना फिर से

मन के समुंदर को मुट्ठी में लेने चला है कोई मस्ताना फिर से

शमा ने खुद को मिटा कर रौशन की थी ये बुझी बुझी महफिल

सितारों से आतिश उधार लेने चला है कोई परवाना फिर से

तुम गंगा नहाओ, तो गंगा की रोशनी से मुँह मत फेर लेना

इंसानियत का जल माथे लगाए चला है कोई अनजाना फिर से

बहकी बहकी बातें सुन कर, बहकना नहीं, कसम है तुम्हारे ख़्वाबों की

छत की मुंडेर से झांक रहा है तुम्हारे बचपन का ज़माना फिर से

मौक़े कम मिलते हैं जीने के, किसी की सुझाई ज़िंदगी तुम मत जीना

अपने शीशे में अपना अक्स सम्हाले चला है कोई बेगाना फिर से

मणिपुर की बेटियां

सुनो मैतेई, सफ़र जितना अनजाना हो, उतना खुद को जानना ज़रूरी है
अगर तुम्हारी राह में सदियों की यादें हों, तो मिट्टी को मानना ज़रूरी है

देखो मैतेई, आसमां न हंसता है न रोता है, सिर्फ धरती पर नज़र रखता है
वो आते जाते दौर देखता है, फिर भी अपने हर शख़्स की खबर रखता है

बेशक मैतेई, उसने मणिपुर की हरियालियों में सैकड़ों को ख़ुदकुशी करते देखा है
उसने पखंगबा को नफ़रत की घाटियों से दूर, बेटियों के कदमों में सज़दा करते देखा है

कहां हैं मैतेई की आन, कहां हैं मैतेई की बान, कहाँ हैं मैतेई की शान
कहां हैं मैतेई के महल, कहां हैं मैतेई के मंदिर, कहां हैं मैतेई के मसीहे

सोचो मैतेई, कहां है गांधी के सच की लाठी, कहां है टैगोर के प्रेम की गीतांजली
सोचो मैतेई, कहां है अब्₹दुल हमीद का बलिदान, कहां है जेपी जैसी पहचान

भूलो नही मैतेई, जमुना के रौशन किनारों पर आज मन के मैले जमघट करते हैं
भूलो नही मैतेई, गंगा के सफेद धारों में, प्रेम नौका खेते केवट हाथ मलते हैं

जाओ तुम मैतेई, प्रेम रज लेकर, मातम की गलियों में, भय की गुफाओं में

तुम पालनहार बन जाओ इन वनों के, इन पहाड़ों के, इन आँगनों के उजालों के

इस अंधेरे का क्या होगा

जब ये दौर खत्म होगा
इस अंधेरे का क्या होगा

रोशनी में घुल गया होगा
समुंदर में छुप गया होगा

आसमां में हंसता होगा
आंगन में टहलता होगा

नए नए रूप से बहलाता होगा
संस्कृति के जाम पिलाता होगा

सुबह के आंचल में शाम को रिझाता होगा
रात को अपने दिल की बात बताता होगा

उजाले न होंगे तो ये बहारें भी न होंगी
ये फ़िज़ाएँ न होंगी, ये हवाएँ न होंगी

ये छज्जे न होंगे, ये आशियाने न होंगे
ये रस्ते न होंगे, ये चौबारे न होंगे

ये आंखों के सागर न होंगे, ये नजरों के गागर न होंगे
ये पलकों के मेहराब न होंगे, ये नयनों के सैलाब न होंगे

ये सुबह के नज़ारे न होंगे, ये शाम के तराने न होंगे
ये दोपहर के इशारे न होंगे, ये तारों के ख़ज़ाने न होंगे

बिन उजाले के अंधेरे घटते नही
बिन सूरज के दिन दिखते नही

मोहब्बत बिन दिल रौशन होते नही
प्रेम रज बिन तीरथ उजागर होते नही

तुम्हारे और मेरे जाम अलग होते नही
तुम्हारे और मेरे सावन अलग होते नही

तुम गंगा के धारों में उजाले बहने दो
तुम जमुना के धारों में उजाले बहने दो

तुम दिल के धारों में उजाले बहने दो
तुम ज़िंदगी के धारों में उजाले बहने दो

यहां हम कैसे पहुंचे

खामोश शहर, ठिठुरते गांव, इस सफ़र की यादों से डर लगता है
दूर जा कर कहीं भटक न जाएं, अकेली रातों से डर लगता है

कितनी रौशन थी सुबह अभी अभी, इस शहर की मुस्कुराती गलियों में
सुबह तो अच्छी गुजर गई, ढलती शाम की तेज साँसों से डर लगता है

मौसम बीतते गए, हम उनके ख्यालों की घनैरी छांव में बसर करते रहे
कहीं फिर उस छांव के दरस न हो, छोटी मुलाकातों से डर लगता है

कहीं गुलमोहर, कहीं चमेली, ये गुलशन है मेरे दिल के बहुत क़रीब
इन हंसते फूलों को कोई शूल बताए, इन बहकावों से डर लगता है

बहुत वक्त गुज़ारा है साथ साथ, कभी किसी मुसाफिर के सिरहाने जा कर बैठो
कहीं तुम उसका वजूद अपने मन से मिटा दो, ऐसे ख़यालातों से डर लगता है

सावन में आ जाना

देर न करो ये फ़िज़ा कहीं ढल न जाए
मुमकिन है हम तुम कहीं बदल न जाए
सावन में तुम आ जाना
फिर चाहे भादों में लौट जाना

हर बिछड़ते साल की कहानी को जुबां देना
बेज़ुबा बादलों को भी उनकी राह दिखा देना
सावन में तुम आ जाना
फिर चाहे भादों में लौट जाना

यादों के मोती पलकों से उठा लेना
बीते लम्हों की कसक भी जता देना
सावन में तुम आ जाना
फिर चाहे भादों में लौट जाना

किसी मक़ाम की चाहत बिना, रात दिन सफर में गुज़ार देना
छोड़ कर ख़्वाबों के महल, दोपहर में जिंदगियां संवार देना
सावन में तुम आ जाना
फिर चाहे भादों में लौट जाना

बालों को चूमते हैं सूखे पत्ते, लेकिन हवा में उठी है नमी अभी अभी

इस शहर में भी आवारा बादल घिर आते हैं छत्तों पर कभी कभी

सावन में तुम आ जाना

फिर चाहे भादों में लौट जाना

रौशन धारे

जो दिलों के अंधियारे दूर करे, ऐसे उजियारे कहां मिलेंगे
जो भटकते मन को पास बुलाए, ऐसे सहारे कहां मिलेंगे

सुबह से शाम इतने उतार चढ़ाव थे, नज़रें ज़मीन से उठती नहीं थीं
जो रोशनी के समुंदर के दरस कराए, ऐसे नज़ारे कहां मिलेंगे

अगले दिन की फ़िक्र करते करते सो जाते, ये थी उनकी आपबीती
जो हज़ारों के दुख दर्द को दिल के सागर में समेट ले, ऐसे किनारे कहां मिलेंगे

वो कैसे सपने सजोते, छाँव के लम्हे दोपहर में खाक हो चुके थे
जो उनके अंधेरे उनके ख़्वाबों से रौशन करे, ऐसे सितारे कहां मिलेंगे

उनसे मिलने के बाद भी, कहीं अपनी छोटी सी ज़िंदगानी में खो न जाएँ
जो बंजर दिलों को सावन में सराबोर करे, ऐसे सच्चे धारे कहां मिलेंगे

प्रेम के धागों से जो बांधे ज़िंदगी, हर बात जोहती निगाह से जो जोड़े बंदगी
जो भूख मिटाते हर ग्रास में दिखाए रोशनी, ऐसे निर्मल पालनहारे कहां मिलेंगे

2025 - रोटी की ख़ुशबू

ख़्वाबों से बाहर आकर, कोई दिल का पता बता गया
पलकें हो रहीं थीं बोझल, आज कोई आईना दिखा गया

बंजारा था इस सफ़र में, थक गया था अंजान जगहों में
ठिठुर रही थी रात, आज कोई सुबह की अलख जला गया

शायद आसमां फिर मुस्कुराएगा, सफ़ेद फूल खिलेंगे उजड़े आँगनों में
यादों के धब्बे नयनों से धो कर, आज कोई इस शहर को गंगाजल पिला गया

अच्छा है फूलों की रंगत पूरी मिटती नहीं, नफ़रत के गुबारों में
बुलडोज़र ढाये घरों में भी, आज कोई रोटी की ख़ुशबू में परब्रह्म दिखा गया

नया साल दस्तक दे रहा, महफ़िल के चिराग़ महफ़ूज़ रहें अंधेरों से
बुझते चिराग़ों को हवाओं से बचा कर, आज कोई उजालों को अपना गया

बागबाँ

तुम चलो, तो खामोशियों को ज़ुबां मिल जाए
तुम रुको कहीं, तो ख़्वाबों को जहां मिल जाए

तुम आहें भरो, तो चांद चलते चलते बादलों में रुक जाए
तुम उलझनों में सिमटो, तो तारों को दास्तां मिल जाए

तुम पलकें झपकाओ, तो आसमां डालियों के पीछे उतर जाए
तुम निगाहें मिलाओ, तो रात को रौशन कारवां मिल जाए

तुम लम्हों को सांसों में भर लो, तो ख़ुद से मिल पाओ
तुम गिरती पत्तियों को अपनाओ, तो बागबाँ मिल जाए

तुम सरयू का अभिषेक करो, तो इंसा की तस्वीर मन में समाए
तुम गंगा को गवाह बनाओ, तो इंसाफ़ को मेहरबां मिल जाए

सावन

आसमां की झीनी चादर उतर आई है आंगन में
तेरी यादों की ख़ुशबू महक रही है इस सावन में

बारिश में जलते फूल कनखियों से क्यों देख रहे हैं तुझे बार बार
कहीं फ़िज़ा के रंग घुल कर सिमट न गए हों तेरे दामन में

सड़कों पर भरा है घुटनों तक पानी, फिर भी फुहारों का जुनून थम नहीं रहा
इन कनेरों से पूछों, क्यों झुके जा रहे हैं इन झूमती घटाओं की आवन में

ये बादलों का हठ, ये धरती की मजबूरी, पूछती है मन के मोहन से
पहली बारिश क्यों समाती नहीं मदहोश ज़िंदगी की बिछावन में

ये झड़ी थम भी जाए, तुम दरवाज़े बंद कर सो मत जाना आराम के वीरानों में
घटा फिर घिर आई है, चौमासे ख़त्म नहीं हो जाते सावन की जावन में

इक शहर अचानक खो जाए

पहली बार देखा, इक शहर अचानक खो जाए
स्मोग की गुमनामी में ऐसा डूबे, बेहोश हो जाए

चांद और सूरज हताश, कहां ढूंढ़े इस शहर के नज़ारे
बादल रास्ता भूलें, कहां गए सिर उठाए फूलों के अंगारे

लाखों घूम रहे हैं, शायद ये सिर्फ़ मौसम का मिजाज़ हो
कोई बताने वाला नहीं, हर श्वांस में ज़हर का अंदाज़ हो

बच्चे इन पार्टिक्यूलेट्स को चुन रहे हैं, पारे की गोलियों की तरह
हज़ारों झूँझेंगे सांसों से, वेंटिलेटर्स की टूटती आहों की तरह

लेकिन ये लोग मुस्कुराते हैं, सब कुछ कंट्रोल में है ऐसा जताते हैं
ब्लेम गेम का अफ़साना सुनाते हैं, स्प्रिंकलर्स को बेकार बताते हैं

क्या सोच कर ये जनता से नया मैंडेट मांगते हैं, सीओपीडी और कैंसर को सिर्फ़
किस्सें मानते हैं
हज़ारों सांसों के दीप बिखर जाते हैं, मौसम तो फिर ख़ुद-ब-ख़ुद बदल जाते हैं

गंगा जल

गंगा जल के प्यासों, इस जल से बुझती नहीं क्यों मन की प्यास, कोई ये तो बताये
गंगा नहाने वालों, इन बादलों से क्यों बंधती नहीं सावन की आस, कोई ये तो बताये

गंगा की सौगंध खाने वालों, गंगा की इबादत करने वालों, तुम्हें याद रहे
गंगा के सच ने तुम्हे जिलाया, फिर क्यों नही तुम्हें इसका अहसास, कोई ये तो बताये

मन के प्रदूषण में बहती गंगा, कहानी है भागीरथी के इस दौर के उतार की
गंगा मैया के भवनों में भी, सच की क्यों घुटती है श्वास, कोई ये तो बताये

गंगोत्री के ग्लेशियर्स, संगम का सफ़ेद सागर, काशी के पाप पुन्य का बहाव
चिर काल से है ये सिलसिला, फिर क्यों वो बताते हैं नया इतिहास, कोई ये तो बताये

तुम हरि की पौड़ी पर गंगा आरती करो, कोई फर्क नहीं पड़ता गंगा की महिमा को
गंगा है दिलों की पूंजी, करोड़ों कदमों की मिट्टी का आभास, कोई ये तो बताये

जुस्तजू

प्यार की राहों में मंज़िल नही कोई, सिर्फ़ जुस्तजू है तेरी
दुनियां की ख्वाहिशें अब नही कोई, सिर्फ़ आरज़ू है तेरी

आमने सामने बैठ कर भी, दिल का हाल बता न पाओगे
आँखों में झांक कर भी, उस सागर तक पहुँच न पाओगे

ये सुबह की रोशनी, ये शाम के चिराग़, तेरी याद दिलातें हैं
तू चाहें पास हो न हो, ये सितारें भी तेरा हाल बता जाते हैं

मन की उतार चढ़ाव के बीच, प्यार के लम्हों को जान न पाओगे
प्यार का तसव्वुर है मन के पार, कोई और सैलाब वहां न पाओगे

ये तेरे रुखसार, ये निगाहों के गागर, दूर ले जाते हैं मुझे तुझ से
तू कोई सिर्फ़ चेहरा नहीं, वजूद प्प्यार का रौशन है तुझ से

शहर सिर्फ़ शहर नही होते

जब कहीं चलो, पुरानी तस्वीरों का मोह छोड़ दो
जब कहीं पहुंचों, धुंधले शीशों की गर्द पोंछ दो

नए पत्ते, नई शाख़ों को आंखों में बसा लो
बादलों की आवारगी, निगाहों को सिखा दो

कैसे सूरज उठा, कैसे शाम सिमटी, जान लो
कैसे धूप उतरी, कैसे छांव ठहरी, पहचान लो

सफ़र में नया शहर जब आए, नींद से जरूर जाग लो
शहर सिर्फ़ शहर नही होते, पुश्तों के निशां यहां ढूँढ लो

दर्द का बोझ, मसरूफ़ मुस्करानों में छुपा देख लो
दिल के तार चाहें न जोड़ो, उनसे मुंह मत फेर लो

इंसा को भीड़ न समझो, दिलों के करीब जाकर देख लो
पेड़ सिर्फ़ जंगल नही होते, झूमती डालों की हसरत देख लो

कैसे लोग जीते हैं, उनकी पल पल की ऊर्जा, श्वांसों में ढाल लो
उनकी माथे की लकीरें, आँखों के आब, अपने दिल में संभाल लो

फूलों पर सवाल

कुछ तो मजबूरियां होंगी तुम्हारी, जो अचानक पुरानी मिट्टी का ख़याल आ
गया
 इस तड़पती ज़मीं पर, मरहम की जगह ज़ख्मों का ज्चाल कैसे आ गया

चमन में यहां हर सुबह फूल खिलते हैं, चाहे अंगारे बरस रहे हों फ़िज़ाओं में
मक़बरों का तो इक बहाना है, क्या आज फूलों पर भी सवाल आ गया

जब हिंसा के भगवा फहराते हो, सनातन रोशनी को करते हो शर्मसार
उजड़ी ज़िंदगियों को याद कर, क्या आंखों मैं कोई मलाल आ गया

अपने आंगन की रोशनी से जुदा हो रहे हैं हज़ारों, नफ़रत के बाज़ार में
अब वो घर से सिर्फ़ रात के अँधेरे में निकलते हैं, ये कैसा 'अमृतकाल' आ गया

ज़िंदगी बेबस न होती, अगर तुम सुबह उठ कर चलते इंसानियत की राहों पर
शाम पूछती तुमसे ज़रुर एक बार, क्या सोच कर दिलों में ये उबाल आ गया

सिंगापुर

सिंगापुर तेरा आसमां नीला है, टूरिस्ट्स की ख्वाहिशों का मेला है
तू मुस्कराता है अकसर, लेकिन फिर भी दिल तेरा अकेला है

अपनी बात कहता नहीं, हज़ारों सपनों की सिर पर गागर है
लाइट्स, कंक्रीट पार्क्स, फ़ाउंटेन्स, टूरिस्ट्स का सागर है

तेरे गार्डेंस में नकली रंगों के बीच, असली फूल छुप जाते हैं
तरह तरह के दृष्यों के बीच तेरे अपने घर बार नज़र नहीं आते हैं

होटेल्स, शॉपिंग मॉल्स, एयरपोर्ट्स पर, कोटोर और कास्मेटिक्स के सपने हैं
लेकिन उन चेहरों पर शिकन है जो मुस्करा कर चैक आउट करते हैं

दिल में अगर डर है, तो शहर के थीम पार्क्स के सायेदार पेड़ों तले भी दिल सहमेगा
सर्विलेंस अगर स्टेट की पॉलिसी है, तो कैमरे की कैद में ये चमन कैसे पनपेगा

सिंगापुर खुशहाल हो सब के लिए, ये कौन नहीं चाहता
सिर्फ़ कुछ के लिए चमन महके ये कोई नहीं चाहता

आस मत मरने दो

ज़ुबां लड़खड़ा रही हो, धड़कनों को मत टूटने दो
आंखें डबडबा रही हों, यादों को मत बिखरने दो

बेरहम आसमां तप रहा हो, सांझ को मत ढलने दो
बदलों का काफिला बिखर रहा हो, सावन को मत मरने दो

तुम्हारा तसव्वुर भी न हो, फिर भी ख़्वाबों को मत झरने दो
आंखों का आब बह गया हो, मोतियों को धूल में मत मिलने दो

प्यार की रोशनी आंखों में हो, धूप का कहर मत बरसने दो
मोहल्ले में लपटें उठ रही हों, दरवाज़े उनके मत जलने दो

आंखें बंद कर चाहें जी लो, दिल की कचोट के घाव मत भरने दो
चंद निगाहें जो तुम्हें देख रही हों, उनकी आस मत मरने दो

चलते चलते

चलते चलते, इस शाम को ढल जाना है

बिन पड़ाव के, कदमों को रुक जाना है

इस सफ़र को छोड़, नए रास्ते अपनाना है

यादों को भूल, सपनों की अलख जगाना है

टूटे थे जो रिश्ते, उनका मोल चुकाना है

मायूस थे जो दिल, उनको उम्मीद दिलाना है

खुले थे जो वर्क, उनसे नई किताब बनाना है

अधूरे थे जो जतन, उन्हें मंझधार फिर ले जाना है

खिले थे इतने गुल, उनके रंग होठों पर लाना है

जले थे इतने चिराग़, उनसे दिल उजागर कराना है

उठे थे इतने हाथ, उन्हें इबादत की राह लाना है

खुले थे इतने होठ, उन्हे इंसानियत की नज़्म सुनाना है

देखे थे बहुत से क़ाफ़िले, उन्हें आज यहां बुलाना है

अनजाने इस शहर में मोहब्बत का पैग़ाम सुनाना है

धारें जो सागर में मिल जाते हैं, रोशनी उनकी दिखाना है

इंसानियत की गंगा में सजल नयनों का आब बहाना है

मालूम है अब तुम यहां नहीं हो, बातें तुम्हारी दोहराना है

आसमान में दरार / 80

टेबल पर पुरानी तस्वीरों में, कुछ तस्वीरों से धूल हटाना है
मुलाक़ातों के खाली पन्नों को, ग़ज़लें फिर नई सुनाना है
यादों की ख़ामोशी में, जज़्बातों की महफ़िल सजाना है

टेबल पर पुरानी तस्वीरों में, कुछ तस्वीरों से धूल हटाना है
मुलाक़ातों के खाली पन्नों को, ग़ज़लें फिर नई सुनाना है
यादों की ख़ामोशी में, जज़्बातों की महफ़िल सजाना है

दूरियां

नदिया की मुस्कान देखकर अगर धारे बहते
चमकते किनारों में इतने फ़ासले न होते
मन की खाइयों में अगर इतना भटके न होते
दिलों के राहों में हम तुम भी गुलज़ार होते

मन का शीशा कैसे टूटा, मन को अंदाज़ न था
सच धीमे धीमे कैसे रुठा, सच पर ऐतबार न था
दिल को कुछ न सूझा, दिल से सरोकार न था
जीने को सिर्फ़ पूजा, जीने पर तो अख़्तियार न था

इतना मत चाहो, की चाहत ज्वार बन जाए
इतना मत सोचो, की सोच समुंदर बन जाए
इतना मत देखो, की नज़र क़ैद बन जाए
इतना मत तड़पो, की तड़प बोझ बन जाए

अंगारे न जलते, गर सुबह की ओस सजाते
सावन न भटकते, गर बादलों को हाल बताते
महफ़िल के चिराग़ न बुझते, गर दिल के चिराग़ जलाते
आंचल में सपने न मरते, गर धरती को सजाते

दूरियां जब बढ़ जाएं, अपने दिल में जुरुर झांक लेना

काशी चाहें न पहुंचो, इंसा से मुह मत फेर लेना
अभिषेक चाहें न करो, अंधेरों को मेहमां मत मान लेना
प्यार में कायनात चाहें न देखो, प्यार को कैद मत मान लेना

स्वतंत्रता दिवस 2024

इक सोच से बना है ये गुलिस्तां

संविधान के धागों से बंधा है ये रिश्ता

यहां सोया है मोहब्बत का फ़रिश्ता

अदभुत है ज़मीं से तारों का ये रस्ता

सदियों बाद मिला है ये वतन

मिल जुल कर बसाया है ये चमन

इस चमन में हैं युगों की तपन

इस तपन में छुपे हैं करोड़ों स्वप्र

अधिकारों के रास्ते को सींचना है ज़रुरी

रुल ऑफ़ लॉ के हाईवेज़ बनाना है ज़रुरी

अब्यूज़ ऑफ़ पावर के गड्ढे भरना है ज़रुरी

स्टेट को रिलिजन से दूर रखना है ज़रुरी

आज़ादी के पत्ते पनपते हैं, फंडामेंटल गारंटीस के सहारे

सद्भावना की कोंपलें खिलती हैं, प्लुरलिज़्म के मझधारे

निष्ठा के फूल महकते हैं, ड्यू प्रोसेस ऑफ़ लॉ के किनारे

देश प्रेम जागता है, इंस्टीट्यूशंस की ईमानदारी के द्वारे

देश जज़्बातों से बनते हैं, लोगों के जज़्बातों की कद्र करो

देश विचारों से बनते हैं, लोगों के विचारों की कद्र करो

देश अधिकारों से बनते हैं, लोगों के अधिकारों की कद्र करो

देश सपनों से बनते हैं, लोगों के सपनों की कद्र करो

उड़ने के ख़्वाब

वो पल जो वज़ूद खो देते हैं, उनका हिसाब कोई तो जानता होगा
वो यादें जो सवाल छोड़ जाती हैं, उनके जवाब कोई तो जानता होगा

सुबह से शाम तक की रफ्त़ार कौन जाने, धागों जैसा दिन खिंचता होगा
रात के वर्क़ों को कौन समेटे, उनकी किताब कोई तो जानता होगा

मलबे पर खड़े हो कर ये तय मत करना, यहां कभी कुछ बदलता नहीं
जब ये झूठी अट्टालिकाएं रेत हो जायें, कल के मेहराब कोई तो जानता होगा

सावन की चाह में कितने स्वप्न सूख गए, फिर भी भादों का इंतज़ार किया होता
सुबह होने से पहले शम्मा बुझ भी जाये, महफ़िल में रात का शबाब कोई तो जानता होगा

हवाई पट्टी जल्दी जल्दी खत्म हो जाए, ज़मीं से आसमाँ उठने की घबराहट बढ़ जाए
उड़ना तो दूर हम चल भी नही पाए, फिर भी उड़ने के ख़्वाब कोई तो जानता होगा

प्यार का तस्सुवर

चाहें ये सांस लड़खड़ाए, प्यार का सफ़र थमता नहीं

चाहें ये नब्ज़ डूब जाए, प्यार का तस्सुवर रुकता नहीं

जब पलकों में लम्हों की रोशनी हो, वो है प्यार का आग़ाज़

जब आंखों में सागर की गहराई हो, वो है प्यार का आब

जब उनकी उलझने ख़ुद को भूल जाए, प्यार का है वो ऐतबार

जब उनकी मजबूरियां आंखें न चुराए, प्यार का है वो इज़हार

जब ज़रें ज़रें को इस सफ़र में नई राहें मिलें, प्यार का है वो संसार

जब बीती ज़िंदगी को नई शाखें मिले, प्यार का है वो सार

न लहर, न तूंफा, न कोई समुंदर, प्यार का बहाव है आकाश जैसा अपार

पल पल की रोशनी जीना, इन धारों में बह कर जाना है उस पार

आज फिर

कितनी सुबह देखी हैं ध्यान नहीं
कितनी शाम बीतीं हैं आभास नहीं
कितने शहर देखे हैं अंदाज़ नहीं
कितने जाम पिये हैं याद नहीं

दिल का दरिया, कभी देखा नहीं
यादों का वज़ूद, कभी माना नही
इस सिलसिले को, कभी जाना नहीं
रगों का बहाव, कभी पहचाना नहीं

आज फिर उन गलियों में जाना होगा
जहां धूल में फूलों को पाना होगा
बेरहम आसमां को कांधे पर झुकाना होगा
दहलीज़ की धूल माथे लगाना होगा

आज फिर उस सफ़र पर जाना होगा
पत्तियों के सलाम को जानना होगा
थके चेहरों के दर्द को थामना होगा
उम्मीद का जल त्रिवेणी से लाना होगा

आज फिर करोड़ों सपनों को माटी में जगाना होगा

दूध पीते बच्चों की सांसों में परब्रंह को पाना होगा

सुबह के मोतियों के लिए नए छप्पर छाना होगा

हर शहर, हर गांव की उम्मीद को जगाना होगा

दूध पीते बच्चों की सांसों में परब्रंह को पाना होगा

सुबह के मोतियों के लिए नए छप्पर छाना होगा

हर शहर, हर गांव की उम्मीद को जगाना होगा

संगीतकार नौशाद की यादें

मिट्टी का सौंधापन है नौशाद के नग़मों में
दिल की सदा का इज़हार है उनके सुरों में

कितनी कहानियां अधूरी रहती, उनकी तानों बिना
मदर इंडिया का दर्द कैसे जानते, उनकी धुनों बिना

उनका संगीत था सच्चा, धरती के राज़ जैसा
हर पत्ता, हर शाख़ था जागा, सुबह के साज जैसा

विरह को उन्होंने भैरवी, होरी, कजरी के गीतों में जगाया
हरी दर्शन को उन्होंने मॉलकोस के आलाप में सुनाया

राग दरबारी के भव्य चलन को उन्होंने करोड़ों तक पहुँचाया
भटकते बैजू कों उन्होंने संगीत की रोशनी का दरस कराया

शास्त्रीय संगीत को आफ़ताब तक पहुँचाया, लोक संगीत से बिसरी यादों को
जताया
अवध की शाम को उन्होंने बांधा, बनारस की सुबह को उन्होंने जगाया

फ़िल्मों को नया वजूद दिया, दिलीप कुमार के किरदारों को हमराह बनाया
लता के नग़मों को घर घर पहुँचाया, शकील, साहिर को हमदर्द बनाया

नौशाद ने गंगा जमुना में स्वरों का संगम ढूँढा, इंसा को इंसा से जोड़ा
रोशनी को हर दिल में देखा, मौसीक़ी को कायनात की इबादत से जोड़ा

तुम्हारी आवाज़

अपनी आवाज़ से घबराते हो क्यों
इस दिल की पुकार से दूर जाते हो क्यों
इस जीने की तड़प को ठुकराते हो क्यों
सांसों की रफ़्तार से आंखें चुराते हो क्यों

नींद की खुमारी ने ख्वाबों को भुला दिया
जीने के जुनून ने सुबह के मोतियों को झुठला दिया
कितनी धूल जम गई है शीशे ने बता दिया
झूठ की परतों ने थक कर ये राज़ जता दिया

वो सपने हैं कहां, जिनसे आंखें मलना सीखा था
वो निगाहें हैं कहां, जिनसे आसमां को झुकते देखा था
वो कोशिशें हैं कहां, जिनसे सलाख़ों को मुड़ते देखा था
वो वादे हैं कहां, जिनसे कीचड़ को गंगा बनते देखा था

जो छज्जों से पड़ोसियों को बुलाए, उन आवाज़ों को मत रोको
जो घर की मुंडेरों पर कांच न लगाए, उन ख़्यालों को मत रोको
जो दूसरे के अधिकारों का मंदिर बनाए, उन कोशिशों को मत रोको
जो इंसानियत का ताना बाना पहनाए, उन जज़्बातों को मत रोको

तुम्हारी आवाज़ मन की धारा है, उसे मानो

तुम्हारी आवाज़ मंज़िल पहुँचने का वादा है, उसे जानो

तुम्हारी आवाज़ प्रेम का धागा है, उसे थामो

तुम्हारी आवाज़ सफ़र का इकरारनामा है, उसे पहचानो

कावंडिया

कावंडिया का जल कैसा होता है

बिल्कुल दिल के शीशे जैसा होता है

गंगा जल के प्याले जैसा होता है

जो सब पर बरसे, ऐसा सावन होता है

कावंडिया का सफ़र देखोगे, तब उसे जानोगे

झिलमिलाती छांव में, उसके मन को पहचानोगे

उसके कांवड़ में चमकता है, इंसानियत का आब

उस पानी के दर्पण में बसते हैं ज़मीं से जन्मे ख़्वाब

इस जल का कुछ तो धरम होगा

प्यास तो सभी की बुझाता होगा

दिल को सुकून दिलाता होगा

आंखों के आब को अपनाता होगा

कावंडिया देखे हैं लंबे लंबे रास्तों पर भटकते हुए

कंधों पर लटके कांवड़, पीले फूलों से सजे हुए

माथे के पसीने को धूल की पगड़ी में लपेटे हुए

जलते शहरों की मेहमान नवाज़ी से बचते हुए

कावंडिया, तुम्हारा ये सफ़र कहीं ख़त्म न हो जाए
सावन की फुहार कहीं नफ़रत की आंधी से डर न जाए
भाईचारे की ये जागीर तुम्हारी, तुमसे अलग हो न जाए
तुम्हें दिल की सुनना होगा, कहीं ये आसमां छिन न जाए

हिस्सों में मत जीना

सांझ को दिल भर देख लूं, कहीं ये सांझ ढल न जाए
सवेरे से नज़र मिला लूं, कहीं ये सवेरा फिसल न जाए

शमा की रोशनी जी लूं, कहीं ये रोशनी सो न जाए
ख़्वाब को आंखों में सजा लूं, कहीं ये ख़्वाब खो न जाएं

ऐसे जहां को देख लूं, जहां आसमां ज़मीं से जुदा न हो
ऐसी ज़ुबां को जान लूं, जिससे ज़मीर का फासला न हो

हिस्सों में जीने की आदत नहीं मुझे, पूरी तस्वीर ही रास आएगी
भूल जाने की आदत नहीं मुझे, ख़्वाबों की ताबीर ही याद आएगी

टुकड़ों को जोड़ कर, तोड़ मरोड़ कर, नया कुछ न जान पाओगे
जो धूप फैली है, उसके छोर को थाम कर ही, सुबह पास बुलाओगे

जाना उन रास्तों पर, जहां कदमों की आहट का इंतज़ार नहीं करता ज़माना
उस शहर जाना, नए सफ़र, नए मंज़र, नए जज़्बातों का हो जहां ठिकाना

चुपके से

आज़ आसमां इतने नज़दीक आ गया, मानों हाथों में समा गया
मुंडेरों पर झुका झुका, चुपके से दिल को मोहब्बत सिखा गया

आग लगी थी यहां, गोकुल के कुंजों में, जमुना के किनारों में
'कदंब की डारन' में, चुपके से ब्रज में कोई फुहार बरसा गया

दिल रौशन हुए, जब भीड़ में खोए चेहरों को पास जाकर देखा
वो अनदेखे थे अब तक, चुपके से उन्हें कोई आफ़ताब बना गया

ज़िंदगी को सिर्फ देखना काफी नही, सागर में एक पत्थर भी फेकना है ज़रुरी
तूफान उठ रहा था पूरब से, फिर भी चुपके से कोई मझधार में कश्ती ले गया

सपनों का चमन उजाड़ था दूर दूर तक, ज़र्द थी रंगत फूलों की
भटक रहे थे पथरीली राहों में, चुपके से खार में कोई ख़ुशबू बिखरा गया

जीने का अंदाज़

न कांटों का जलना न फूलों का शर्माना देखा
न पत्तियों का हँसना न शाख़ों का बल खाना देखा

न सुबह का चलते चलते छज्जों पर रुक जाना देखा
न शाम का धीमे धीमे उजालों में घुल जाना देखा

न बादलों के क़ाफिले राह से भटक जाना देखा
न घटाओं का छत्तों पर उतर, सिमट जाना देखा

न रात का गुफ़्तगू कर, सुबह को भुलाना देखा
न डूबते चांद का सितारों से बेरुख़ी जताना देखा

लेकिन
दीवारों पर सूरज को अपनी बात लिखते देखा
छज्जों और आँगनों की ख़ामोशी दिल में गूंजते देखा

दोपहर में जो मुस्करा रहे थे, शाम तक घर छोड़ते देखा
कसमें वादों की उखड़ती सांसों को, सड़कों पर बिछड़ते देखा

नफ़रत की सभाओं में गिद्धों को गंगा दूषित करते देखा
मानवता के अमृत की जगह, कपट कलुषित कुंभ देखा

बुलडोज़र के बादलों का गली गली कहर देखा
संविधान के प्रावधानों को रौंदने का मंज़र देखा

लेकिन
दोपहर के उजालों को शाम की हकीकत बनते है देखना
शाम के ख्वाबों को सुबह की ताबीर बनते है देखना

पनघट की हर गागर को गंगा का गीत बनते है देखना
हर दिन जीवन कलश को उम्मीदों से भरते है देखना

विज्ञान को देश की धड़कन बनते है देखना
काव्य को इंसान की इबादत करते है देखना

राम की प्रीति करोड़ों दिलों की आवाज़ बनते है देखना
राम की रीति करोड़ों के जीने का अंदाज़ बनते है देखना

140 करोड़ क्यों बदहवास

140 करोड़ क्यों बदहवास हो गए, लेकिन कोई हिसाब न मिला
सवालों के सिलसिले बदनाम हो गए, लेकिन कोई जवाब न मिला

सोचने से पहले, ज़ुबा ने ज़मीर को यतीम कर दिया
झूठ के कुंभ भरते रहे, लेकिन सच का कोई सैलाब न मिला

ख़ुद से नज़रें चुरा कर, दुनिया के अंधेरे रास आने लगे
अंधेरों से शर्मसार होते रहे, लेकिन ग़ैरत का कोई आफ़ताब न मिला

बुलडोज़र घर मलबा करते रहे, देश भक्त जश्न मनाते रहे
धूल के बादल उठते रहे, लेकिन इंसाफ़ का कोई आब न मिला

फिर नया अध्याय शुरु करो, दुनिया ये कहती हैं बार बार
जाम कोशिशों का ढूँढते रहे, लेकिन दिल का कोई ख़्वाब न मिला

आज कुछ तो बदला है

आज इंसानियत का चेहरा उभरा है, आज इंसाफ़ का गागर छलका है
आज करोड़ों ज़िंदगियों की राहों में, मोहब्बत ने जाम बदला है
आज कुछ तो बदला है

आज बरसों बाद नींद से जागे हैं, आज फिर पूरब ने झकझोरा है
आज बदहवासी का बादल छितरा है, आज फिर सुबह का तारा चमका है
आज कुछ तो बदला है

आज कश्ती को लहरों से जोड़ा है, आज समंदर को पलकों में देखा है
आज करोड़ों ज़ुबाँ ने कुछ कहा है, आज दिल के मज़मून को सब ने सुना है
आज कुछ तो बदला है

आज पुराने ज़हर को निगला है, आज जमुना का सोया किनारा जगाया है
आज 'कालिंदीकूल कदम्ब' को देखा है, आज गोकुल में रास रचाया है
आज कुछ तो बदला है

आज सच का सागर देखा है, आज लोगो की हिम्मत को पहचाना है
आज ज़मीर का जुनून जाना है, आज भी गांधी की धरती का क़र्ज़ माना है
आज कुछ तो बदला है

गुलमोहर की सल्तनत

ये मौसम है पत्तों का, शाख़ों का, फूलों के अंगारों का
सफ़र से थके हुए बादलों का, ज़मीं पर बेसुध ख़ारों का

दोपहर की सल्तनत है यहां, गुलों की सुर्ख़ी जलती है
उजाले की गंगा है यहां, किरणों की दीवानगी मचलती है

रंगों और रोशनी की दुनिया के आग़ोश में अंधेरे भी पलते हैं
कुछ फूल खिलने से, बंजर बस्तियों के बचपन नहीं संवरते हैं

गुलमोहर, पलाश, गुलहड़ इनकी तबीयत तापिश में निखरती है
ललामी में बहकने के फ़ितूर से, पत्तियों की झीनी छांव सहमती है

फूलों को गुलदस्ते में सजा कर किसे सुकून मिलता होगा
कांटों के घाव देखकर, किसे गुलाबों पर यक़ीन होता होगा

गुलमोहर को देखो, इस आने वाली दोपहर में ऐतबार उसका देखो
इक बादल का टुकड़ा दिखता नही, रंगों पर इख़्तियार उसका देखो

कोई तो मीठी अमुराई लगाए

यहां सांस घुटती है, कोई तो खुला आसमां दिखाए
यहां प्यास भटकती है, कोई तो गंगा जल पिलाए

यहां कीचड़ में सपने मरते हैं, कोई तो हिमालय बनाए
यहां बहार में चमन जलते हैं, कोई तो सायेदार छप्पर छाए

यहां झूठ के पैमाने सजे हुए हैं, कोई तो सच्चा जाम पिलाए
यहां फ़रेब के अनेक चेहरे हैं, कोई तो ख़ुद से मुलाक़ात कराए

यहां दिन रात धरती जलती है, कोई तो ये घटा ज़मीं पर लाए
यहां आग बहती है आंखों के पानी में, कोई तो इंसाफ़ की गंगा बहाए

यहां अन्याय के खेतों में डर की फ़सलें उगती हैं, कोई तो प्यार की ईख लगाए
यहां बगीचों में कड़वे फल पनपते हैं, कोई तो सड़कों पर मीठी अमुराई लगाए

बेज़ुबां सैलाब

यादों के वर्क़ों ने कुछ कहा ज़रुर है
कैसा इज़हार है, किसका कुसूर है

फुर्सत कहां लोगों को अनकही जानने का
ख़ामोशी के अल्फ़ाज़ों को पहचानने का

वक़्त निकाल कर, दिल के पास बैठो जाकर
लम्हे जो ज़ुबा तक न पहुंचे, आंखों में ढूँढों जाकर

दीवारों के पीछे झांको, जहां ख़्वाहिशें हैं सहमी सहमी
उन चिराग़ों को दो सहारा, जिनसे रौशन है यें ज़मीं

शून्यता के सैलाब बहा ले जा रहे हैं इस वजूद के कतरे
न आहें, न शिकवे, न याद हैं किसी इबादत के सजदे

सिर उठा कर आसमां को देखना होगा, चाहें आंखें कितनी धुंधली हों
गलियों की आवाज़ों को ढूढ़ना होगा, चाहे यादें कितनी बिखरी हों

ज़िंदगी को बार बार जीना होगा, चाहें बदहवास रास्ता हो
रात को उठ कर बैठना होगा, चाहे पूरब से सुबह लापता हो

हमारे सपने

आज कल दिल कहीं लगता नहीं, कसूर है इन सवाली ख़्वाबों का
रात भर अब नींद आती नहीं, कसूर है इन खोजती आंखों का

चाहें वो आंखें बंद कर लें, फिर भी चुभते रहेंगे ये कँटीले खरपतवार
तुम चाहें आसमां को करीब बुला लो, फिर भी धतूरे लगेंगे ये देवदार

जमुना चाहें कितनी मलीन हो, उसकी बस्तियां झूमती थी सावन जैसी
गंगा चाहें कितनी मटमैली हो, उसकी कश्तियाँ बहती थी आंचल जैसी

तपती दोपहर से गिला न थी कोई, उड़ती गर्द में भी अरमान उभरते थे
आंधी से शिकायत न थी कोई, धूल भरे छींटों में सपने पनपते थे

सपने वो होते हैं,जो वट वृक्ष की तरह दायरों से निकल कर छांव फैलाते हैं
जिन की जड़े शाख़ों से नीचे उतर, बेसहारों के सहारे बन जाती हैं

सपने वो होते हैं,जिनके अक्स देख कर बोझल दिल पुलकित हो जाते हैं
जिनके आब बिना भेदभाव के, बादलों की तरह छत्तों पर उतर आते हैं

सपने वो होते हैं, जिनके न मज़हब, न पहनावे, न कोई गांव होते हैं
जो हर प्यासे की प्यास बुझाते हैं, जो खारों में भी उम्मीद के फूल खिलाते हैं

चुनाव 2024

ये बेरुख़ी का माहौल देख कर, ज़ुबाँ को क्या हो गया
कहने को बहुत कुछ था, मगर ये दिल बंजारा हो गया

ये तुम्हारा वज़ूद, तुम्हारी सांसों में है, उसे झुठलाना मत
सरयू की रौशन धारों में, नफ़रत की पतवार चलाना मत

अंधेरे दरवाज़े पर दस्तक दिए बिना, अंदर आ जाते हैं
बर्बादी की आहट सुने बिना, ये चमन बर्बाद हो जाते हैं

अंधेरे उठते हैं सबसे पहले, घर की फुलवारियों में
पनपते हैं संसद की सभाओं में, मज़हब की खाइयों में

फिर आसीन हो जाते हैं, ये सत्ता के गलियारों में
धूर्त, कपटी, मूड, भक्त मिल जाते हैं इन राहों में

कश्मीर से कन्याकुमारी तक बह रहा है नफ़रत का ज़हर
इसे गंगा जल मान, क्यों ढाते हो डूबते किनारों पर कहर

उजाले कल की पूँजी है, सागर भी अकेले रह जाते हैं रोशनी खो कर
फिर ख़ुद से नज़रे चुरा कर लोग सो जाते हैं, गुमनामी ओढ़ कर

सदियों तक कोई आता नही, टूट जाते हैं ये शहर, ये गलियाँ, ये चौबारे

पुरानी तस्वीरें ज़हन से उतर जाती हैं, बिखर जाते हैं ये आसमां, ये चांद, ये

सितारे

मोहब्बत भूल मत जाना

शीशे में सुबह को देखा, सुबह के अंदाज़ थे कुछ बदले बदले
पूरब से झांक रहे थे अंधेरे, अंधेरे के मिज़ाज थे कुछ बदले बदले

आंखों में चुभते काँटों जैसे, धतूरे पनप रहे थे गली और गलियारों में
फ़रेब के जाम छलक रहे थे, फ़रेब के हमराज़ थे कुछ बदले बदले

तुम्हारी नज़र रात की क़ैद में ढूँढ़ रही थी शमा की रौशन राहें
महफ़िल में उजाले भी बहक रहे थे, उजालों के रिवाज़ थे कुछ बदले बदले

शहरों को काटते, बस्तियों को उजाड़ते, बढ़ रहे थे कई सैलाब मटमैले
कीचड़ में वो क़िले बना रहे थे, कीचड़ के सरताज थे कुछ बदले बदले

ये ज़मीं पनप रही थी मोहब्बत के आसमां तले, तुमने भी वो आसमां देखा होगा
इबादत के जुनून में वो मोहब्बत भूल रहे थे, इबादत के अलफ़ाज़ थे कुछ बदले बदले

महिला दिवस

मणिपुर की घाटियों में आसमां का गिर जाना
हाथरस के खेतों में ज़िंदगी का ख़ाक में मिल जाना
गुजरात के बलात्कारियों का इज़्ज़तदार बन जाना
इस अंधेरे में बेमाने लगता है महिला दिवस मनाना

इस दोपहर में चाहें जल लेना
इस आसमां तले चाहें भटक लेना
दुनिया के गुरूर चाहें सह लेना
तुम दीवारों के पीछे मत रहना

इन राहों पर तुम्हें बहुत दूर है जाना
भरमों को भी है अकसर बिछुड़ जाना
पांव के छालों को लबों पर न लाना
तुम ज़ख्मों के जुनून देख, अपने दर्द भूल जाना

धूल का उड़ना, शोर करना, आखिर खामोश हो जाना
शहर के बाहर, टीलों में गिर कर निढाल सो जाना
फिर सुबह के झोकों में नए सफ़र का जश्न मनाना
तुम मंज़िलों कि जाम छोड़, सफ़र की गर्द अपनाना

शाम ढलने से पहले दिन की उम्मीदों का बिखर जाना

जैसे दोपहर की तपन याद कर पत्तों का सिमट जाना

सुबह सुबह बिना शिकन के फिर ऑफिस निकल जाना

तुम इन गुबारों में भी सूखे फूलों को बालों में लगाना

मणिपुर की घाटियों में आसमां का गिर जाना

हाथरस के खेतों में ज़िंदगी का ख़ाक में मिल जाना

गुजरात के बलात्कारियों का इज़्ज़तदार बन जाना

इस अंधेरे में बेमाने लगता है महिला दिवस मनाना

रोशनी का हिसाब

उठती है जो सुबह इन किनारों से, उजालों के सिर्फ कुछ पल जानती है
करोड़ों उम्मीदों की खातिर, वो रात के अंधेरों से रोशनी का हिसाब मांगती है

इन आंधियों के गुबार आते जाते रहेंगे, तुम चमन के फूल बालों में लगाए रखना
अंधेरे के सिलसिले तो बने रहेंगे, तुम हाथों से चिराग़ जलाये रखना

लम्हे जुड़ जुड़ कर ये रात दिन बनते हैं, ये मोती तुम दिल के धागों में पिरो लेना
पल भर के लिए किसी की आंखें नम हो जायें, गंगाजल समझ पलकों में जगह
देना

दलदल के चमकते पानी में कप्तान अकसर बेड़े डुबोते हैं, इन डूबते हुए सायों
को किनारे दिखा देना
सूरज अभी तो उठा है नींद से, इन टूटी हुई पतवारों को मक़ाम तक पहुंचा देना

जितने बाग हैं, उतने बाग़बान भी हैं यहां, ये जा कर कोई उन्हें अच्छी तरह
समझा देना
शाख़ काटने वालों का बोलबाला है, फिर भी फूल माथे से लगाने का ऐतबार
करा देना

दुनिया का आब

प्यार जब होता है, कोई और ख़्वाब नही होता है
जैसे सुबह की पलकों में सिर्फ रौशन आब होता है

ज़िंदगी बहती रहती है, दोपहर के आवारा बादलों की तरह
कभी कभार रुक भी जाती है, धूप में नहाए खारों की तरह

प्यार के आग़ाज़ और अंत कहां होते है, यें सिलसिले तो बार बार होते हैं
जैसे धूल भरी आंधी के छींटों में, सोए पत्ते फिर गुलज़ार होते हैं

जहां कोई मुझे पहचानता नहीं, आवाज़ें खींच ले जाती हैं उन गलियों में
शाम ढलने को है, यादों की धूप फिर भी महक रही है छत्तों पर

पूरब से पश्चिम का सफ़र रोज़ कर लो, फिर भी प्यार न जान पाओगे
जब दिल के बंधनों से जुड़ जाओगे, तब दिल के सागर तक पहुंच पाओगे

कोई ऐसी ग़ज़ल लिखो, जो प्यार को कुदरत की मेहरबानी समझ सजाए
जज़्बात उसमें सब के हों, जिसमे दुनिया की आंखों का पानी समाये

उलझे मुसाफ़िर

अधूरी कहानियों में, उलझे मुसाफ़िरों के हालात कौन बताए
राहें अभी मालूम नहीं, इस सफ़र के लम्हात कौन बताए

लहरें टकराती हैं किनारों से, दिल और दिमाग़ की कशमकश में
ये जो कश्तियाँ चढ़ रहीं हैं, उनके उतार की बात कौन बताए

खाक में सोई धड़कने भी आबाद हैं, इन गंगा जमुना के धारों में
जो आसमां से नज़रें चुराते रहे, उनकी लम्बी रात कौन बताए

दिन रात पन्नों की तरह पलटते रहे, इस कोरी किताब में
जो सिर्फ अल्फ़ाज़ों से झूझते रहे, उनके दिल की बात कौन बताए

बदहवासी का मौसम है, आसमां गिर भी जाए, वो जान न पाएंगे
अंधेरे बढ़ जाएं, सागर में न समाये, अब उन्हें रोशनी की सौगात कौन बताए

स्वतंत्रता दिवस

चांदिनी चौक से उठी ये नौनिहाल पतंगे
कट कर लाल किले के मैदान मैं अक्सर गिरती हें
सवालों की झड़ी लगी थी, फिर करार कैसे आ गया
शायद 15 अगस्त फिर आ गया है

पूर्व से क्यों उठ रहा है अंधेरा
नहर-ए-बहिश्त मैं आज नीर भी नहीं
कच्ची नींद का अभी हैं पहला प्रहर
शायद 15 अगस्त फिर आ गया है

ये हज़ारों की कतारें कहां जा रही हैं
ये रोशनियां इतनी मज़बूर क्यों हैं
सावन की फुआरों पर क्या उनका हक न था
शायद 15 अगस्त फिर आ गया है

लहरों को नई कश्तियों की हमेशा तलाश रहती हैं
चाहें त्रिवेणी संगम हो या बनारस के घाट
दिल्ली की जमुना में आज भी हें थकी कश्तियां
शायद 15 अगस्त फिर आ गया है

बेथलेहम में क्रिसमस

खाक में लिपटी बेथलेहम की रोशनी को देखो
अंधेरे से हिसाब मांगते इन मलबों को देखो
राख के ख़िदमतगारों के फ़रेबों को देखो
इश्माइल के हक़दारों के, ज़ख़्मों को भी देखो

मासूमियत की कद्र न हो, ऐसे दिल कैसे पनपते हैं
इंसानियत का जज़्बा न हो, ऐसे जज़्बात कैसे जनमते हैं
अनजान घरों पर, मिसाइल शूट करने के इरादे कैसे उभरते हैं
सफेद आसमां को काले धुएँ से भरने के षड्यंत्र कैसे बनते हैं

इज़राइल थीं इंसानियत की पुकार, जो देखा उसे कैसे झुटला दें
डाचौ की डरी निगाहें, ऑशविट्ज़ की सूनी आंखें कैसे सुला दें
आज वो शोले बरसाते हैं अस्पतालों पर, यें कैसे झुटला दें
बेघर काफिले जो नफ़रत से देखे, उन निगाहों को कैसे भुला दें

अब्राहम, आइज़ैक, इश्माइल की इन घाटियों में उजाले न रहे
झिलमिलाते ओलिव्स के साये न रहे, सिकमोर के सहारे न रहे
जो किताबें तुम ने पढ़ीं रात दिन अकेले में, उन वर्क़ों के माने न रहे
कोई नया तराना लिखो तुम, जहां कभी कभी दिल की दीवारें न रहें

बेथलेहम का बड़ा दिन, आफ़ताब बन जाए
दो मुल्कों के ख्वाबों का उजियारा बन जाए
जॉर्डन दरिया के के धारों का किनारा बन जाए
इन दिलों की खोई रोशनी का काश तारा बन जाए.

प्यार कैसा होता है

कभी ख़ुद से पूछो प्यार कैसा होता है
जैसे सुबह की नज़र में मोती होता है
टूटता है पर उजाले समेट लेता है
रौशन जर्रों से रिश्ते जोड़ देता है

आज का अक्स ज़हन में उतार लेता है
कल के मौसम को महज़ भुला देता है
आज की मायूसियों को बहला देता है
कल की बातों को मुस्करा कर टाल देता है

पानी के हक़दारों का पानी चुका जाता है
प्यासों की प्यास का कर्ज़ बता जाता है
उसको सुनने आसमां नज़दीक झुक जाता है
वो बदलता नहीं, चाहें वक़्त बदल जाता है

उसे ढूँढने की ज़रूरत नहीं, वो आंखों में रहता है
उसे जानने की ज़रूरत नहीं, वो दिलों में बसता है
वो धूप में छांव जैसा है, वो छांव में पर्वत जैसा है
वो राहों में कदमों जैसा है, वो खारों में फूलों जैसा है

जब राहें मुश्किल हो जाएँ, तुम उसे याद कर लेना

जब जज़्बात क़ैद हो जाएँ, तुम उसे बाहों में भर लेना

जब घर आंगन बट जाएँ, तुम उसे पास बुला लेना

जब ये धारा मैली हो जाए, तुम उसे गंगा बता देना

बताए कौन

शहर की डालियां झुकने लगीं, अब देवदारों का पता बताए कौन
सूरज भी दिन में छुपने लगा, अब रौशनियों का पता बताए कौन

सोच कर कदम रखना यहां, अब कोई पूछता नहीं, कोई कुछ सुनता नहीं
दिल और जुबा का तालमेल न रहा, अब ग़ैरत के रखवालों का पता बताए
कौन

वो जानते हैं इतिहास की आलीशान कलमें ख़रीदी नहीं जा सकतीं
वो धरोहर हैं आने वाली सुबह की, अब कोरे वर्क़ों पर उभरते लफ़्ज़ों का पता
बताए कौन

वो कहते हैं जो हम से पहले थे वो भी हमारे जैसे ही तो थे, फ़र्क क्या पड़ता है
बाग़बाँ बदलते हैं चमन के, आज तुम्हारे सिवा इन उजड़ी बहारों का पता बताए
कौन

बूंद बूंद से सागर बनते हैं, कतरे कतरे से रोशनी के रुपहले बादल
इंसा से इंसा अलग कर चटखती है माटी, अब इन चटखे हुए पैमानों का पता
बताए कौन

गांधी

दिल से देखो अगर तुम, अंधेरे सागर से उठी रोशनी की लहर हैं गांधी
दिल से जानो अगर तुम, गंगा जमुना के उजालों की सहर हैं गांधी

सुबह के मोती अभी सोए हुए थे ज़मीं पर, आसमां कैसे लाल हो गया
समंदर भटकता रहा किनारों पर, अमन का वर्क कैसे खाक हो गया

कोई आसमां बांटने की बात करे, तुम बहकना नही, गांधी को याद कर लेना
कोई धरती जलाने की बात करे, तुम बहकना नही, गांधी को याद कर लेना

कोई सपनों के समुंद्र में लकीरें खींचे, तुम बहकना नही, गांधी को याद कर
लेना
कोई सितारों की चादर में सरहद ढूंढे, तुम बहकना नही, गांधी को याद कर
लेना

जिनके मन में है सनातन रोशनी, वो हर बाट जोहती मुस्कान में उसका नूर पास
पाते हैं
जिनके मन में है सनातन रोशनी, वो पराई आंखों में नीर देखकर अपना सावन
भूल जाते हैं

स्वर्ग और नर्क

हर मोड़ पर पांव उनके जलते रहे, हर खार में दामन उलझते रहे

पैमाना था पूरा खाली, फिर भी वो बादलों को देख बहकते रहे

स्वर्ग मालूम नहीं, तपती दोपहर में वो दीदार उसका करते रहे

हम धूप से बचने की चाह लिए, ज़िंदगी यूहीं बसर करते रहे

सूरज से नजरें चुराते रहे, अकेले ये बेमाने सफर तय करते रहे

नर्क मालूम नहीं, छांव के आशियाने में अकेले हर दम घुटते रहे

सामने थे मायूस चेहरे, जो जाने क्यों धूल के प्यालों में सावन ढूंढते रहे

किसी ने थमा दिए उन्हें जाम, शोख बुलबुले जिसके आंखों में दमकते रहे

स्वर्ग मालूम नहीं, बस उनकी पलकों की रोशनी को सज़दा करते रहे

बहुत लम्बी फेहरिस्त है हमारी, किस किस पर यकीन करते रहे

हमारी बेवाफियां थी इतनी, जज़्बातों की सोहबत से भी बचते रहे

नर्क मालूम नहीं, अपने सच और झूठ के बोझ से हम दबते रहे

कितने हैं स्वर्ग, कितने हैं नर्क, वो हर श्वांस में अपना वजूद देखते रहे

प्रयाग संगम की दमकती हर बूंद में, वो करोड़ो दर्द के धारे ढूंढते रहे

वो जानते हैं वेद, वो जानते हैं पुरान, जो भूली हुई जिंदगियाँ समेटते रहे

प्यार की राहों पर कोई तो चले

प्यार के धागों से कोई तो बंधे

प्यार के उजालों से कोई तो सजे

प्यार का तसव्वुर कोई तो करे

प्यार की राहों पर कोई तो चले

प्यार में भटक कर ख़ुद को पास पाओगे

प्यार में बहक कर ख़ुद को जान पाओगे

प्यार में मिट कर ख़ुद से रुबरु हो जाओगे

प्यार की गंगा में घुल कर सागर बन जाओगे

प्यार की राहों ने तपती धूल को अपना लिया

प्यार की नज़रों ने आंखों को ज़ुबाँ बना दिया

प्यार की धड़कनों ने झुकते कंधों को सहला दिया

प्यार की श्वांसों ने दिल के कोनों को महका दिया

जहां अंधेरे कमरों हों, खिड़कियां खोलता है प्यार

जहां मन के खार हों, गुलिस्तां बनाता है प्यार

जहां दिल में दूरियां हों, आसमां झुकाता है प्यार

जहां द्वेष के घरौंदे हों, कायनात से जोड़ता है प्यार

प्यार का जाम कोई तो पिए, इस बदहवास दुनिया में

प्यार के सिरहाने कोई तो बेठे, इस बेमुर्रवत दुनिया में

प्यार का दामन कोई तो थामे, इस बीहड़ दुनिया में

प्यार की बारिशों में कोई तो भीगे, इस बंजर दुनिया में

प्यार के धागों से कोई तो बंधे

प्यार के उजालों से कोई तो सजे

प्यार का तसुव्वर कोई तो करे

प्यार की राहों पर कोई तो चले

ख़ामोशी का दौर

रात चाहें कितनी लंबी हो, क्या अंधेरों को मेहमान बनाना चाहिए
चिराग़ चाहें बुझ रहे हों, क्या उजालों का अहसान भुलाना चाहिए

ख़ामोशी का अब इक दौर शुरु हुआ है जेपी की इस क्रांतिभूमि में
डर के सन्नाटे पहले भी देखे हैं, सत्ता के किलों की खातिर क्या आसमान
झुकाना चाहिए

भीड़ की दरिंदगी देखी है छज्जों से मासूमों ने, खाक हुए हैं सपने उनके पल भर में
घर बार, आस पड़ोस, इक धुएँ में लिपट कर रह गए, ऐसी यादों को क्या
अनजान बताना चाहिए

हालात से बेख़ौफ़, कट्टे और तमंचे चला रहे हैं, आज के नौजवान अपनों पर ही
ज़िंदगियों को धुएँ में मिलाते, इन मुजरिमों को क्या इस देश की पहचान बनाना
चाहिए

सरयू शर्मसार, गंगा का रौशन जल अवाक, इक अंधेरा उठ रहा है पूरब से
करोड़ों मोहरे गिर रहे हैं नफ़रत की घाटियों में, क्या उन्हे भी इंसान बनाना
चाहिए

डॉ० आम्बेडकर - समानता दिवस

मिट्टी खोदते बाज़ुओं को, खरपतवार से जूझते हाथों को, क्यों लगते थे सब
दिन समान
न सावन की फुहार, न भादों का ख़ुमार, सिर्फ जेठ की आग, इसलिए थे सब
दिन समान

गुलामी की बेड़ियाँ महफ़ूज़ थीं छुआ छूत की तंग गलियों में, जाति में बंटे अंधे
मोहल्लों में
आम्बेडकर ने आँखें खोली थी इस दलदल में, सत्याग्रह की रोशनी भी दूर न
पहुँच पाई पुराने अंधेरों में

न सड़क, न गाँव, न मंदिर, न कुआँ, न स्कूल, कुछ न था यहाँ अपना
इतना बड़ा देश, इतनी छोटी सोच, बिन बराबरी के आज़ादी थी महज़ इक
सपना

कैसा राम राज्य जब आधी प्रजा अधिकारों से थी वंचित, जैसे हार कर बदहवास
हो आधा आसमान
कहां से बना था ये समाज, बिन शिक्षा, बिन विज्ञान, जैसे झुक कर शर्मसार हो
आधा इंसान

आम्बेडकर ने आज़ादी के सागर को रौशन किया संविधान के उजालों से
अधिकारों का सूरज उगा करोड़ों के लिए पहली बार, ढहती छत्तों के कगारों से

आज जो सस्ते में लेते हैं दूसरों के अधिकारों को, वो ज़र ज़र करते हैं आज़ादी के ताने बानों को

वो जानते नही चमन बदल जाते हैं खारों में, वो देखते नहीं इस शहर के बढ़ते वीरानों को

खाड़ी के भारतीय श्रमिक

एयरपोर्ट के ख़ामोश टर्मिनल पर तुम बैठे थे सुबह की फ्लाइट के इंतज़ार में
तुम जा रहे थे, कतर, दोहा, शारजाह की तपती रेत के संसार में

तुम्हारी आँखों के सामने थे वैल्डिंग टोर्च से झरते सितारे जो गिर कर राख हो गए थे
पल भर की रोशनी के लिये तुम बेबाक़ खड़े थे कोंक्रीट, स्टील, चिंगारियों के गुबार में

तुम्हारे दिल ने जलते आसमां से कभी सावन के फुहारों की ख्वाहिश न की
कंटीली झाड़ियों को कमल जैसी इज्जत दी, दिन रात सज़दा करते रहे खार में

तुम्हें इस सौदे में क्या मिला तुम ने कभी पूछा नही, किसी ने कुछ बताया नही
घर बार, गली मोहल्ला, मुस्कराता आसमां छोड़ना पड़ा, तुम्हें बहार में

दिन का क़हर झेल कर जब तुम रात घर आए, सड़कों पर जगमगाहट थी लेकिन दिल में अंधेरा
कोई आहट नही, कोई आवाज़ नही, सुबह दूर थी तन्हाई के इस बढ़ते ज्चार में

देखा है तुम्हें कोंक्रीट को सहलाते, स्टील को सजाते, प्लमबिंग को बिछाते
तुम न होते तो ये शहर न होते, तुम्हारी हर श्वांस ज़िंदा है इन इमारतों में बसे घरबार में

प्यार की डोर

प्यार इक डोर है उसे थाम लो

इस पल की है कशिश पहचान लो

समय के दरिया की झर झर सुन लो

कहीं बह न जाओ, बाहों में भर लो

आज भी तुम पीछे मुड़ कर जब देखोगे

धुंधली लकीर बिछड़े किनारों की पाओगे

बिन प्यार हर बूंद अंधेरे की बूंद होगी

रोशनी बिन खुद को भी जान न पाओगे

इस आसमां को चाहें कितने भागों में बांट लो

चूनर के धागों को चाहें अलग रंगों में छाँट लो

जब शाम ढले सभी रंग धुंधले बेरंग हों जाएंगे

तब उजाले प्रेम के चूनर में सितारे बन जाएँगे

प्रेम को सिर्फ़ जज़्बा समझने की भूल ना करना

सावन को सिर्फ फुहारें समझने की भूल ना करना

रोशनी को सुबह की धरोहर समझने की भूल ना करना

इन लम्हों को सिर्फ लम्हे समझने की भूल ना करना

अंधेरा जब पास आ जाए, प्रेम की किताब उठा लेना
आँखों के धारे सूख जायें, प्रेम के सैलाब याद कर लेना
खिड़कियां बंद हो जायें, प्रेम के आसमां को पास बुला लेना
कलम सिर्फ हाथ में रह जाए, प्रेम का वर्क शुरू कर देना

हिंदी संसार

हिंदी ने हमारी आंखों के पानी को जुबां दी है
धरती से जुड़े सभी ख्वाबों को मोहब्बत दी है
गंगा जमुना जोड़ती धारों को ज़िंदगी दी है
आशियां है ये सबका, जिसने हमें रोशनी दी है

हिंदी है धड़कन हर फूल की जो ज़मीं से उठता है
श्वांस है हर पत्ते की जो आसमां तले महकता है
उजाला है नज़रों का, जिसमें कायनात चमकता है
वाणी है मोहन की, जिसमें दर्द का समुंदर बसता है

अगर हिंदी किसी धर्म या प्रांत की धरोहर समझोगे
मीरा, कबीर, रसखान की दीवानगी कैसे जानोगे
तुलसी कथा में, प्रभु के भटकने की वेदना कैसे देखोगे
सूर के चितचोर को गोकुल की गलियों में कैसे पहचानोगे

जो हिंदी से प्रेम करते हैं, वो हिन्द के सफर को जानते हैं
जो हिंदी से प्रेम करते हैं, वो अजंता, एलोरा को जानते हैं
जो हिंदी से प्रेम करते हैं, वो ग़ालिब, दिनकर को मानते हैं
जो हिंदी से प्रेम करते हैं, वो हर चेहरे में परब्रह्म पहचानते हैं

इस दौर में प्यार कैसे करें

इस दौर में हम तुम प्यार कैसे करें

दिल के हालात का इज़हार कैसे करें

पास आते अंधेरों में ज़ुल्फ़ का दीदार कैसे करें

बढ़ती बदहवासी में नब्ज़ का ऐतबार कैसे करें

रेत के महलों में तेरे रुखसारों को याद कैसे करें

छोटी सी रात में दिलों के खारों को याद कैसे करें

बरसते सावन में आंखों के सागर को याद कैसे करें

बदलते मौसम में, नज़रों की गागर को याद कैसे करें

वो जो बहकने का ज़माना था, कौन समझेगा

वो जो संभलने का बहाना था, कौन समझेगा

वो जो गिरने का फ़साना था, कौन समझेगा

वो जो भटकने का अफ़साना था, कौन समझेगा

कितने ज़ख्म हों, कितने सितम हों, मोहब्बत याद रहे

पास हो सांस जैसे, दूर हो खयाल जैसे, मोहब्बत याद रहे

चाहें नाकामयाब हों दुनिया की नज़रों में, मोहब्बत याद रहे

चाहें वक़्त बीत जाए, ज़िंदगी बदल जाए, मोहब्बत याद रहे

जो हमने देखा, जो हमने सुना, प्यार को जता दिया

जैसे आंख के उजले पानी ने दिल का रस्ता बता दिया

जो रौशन था, हमारे छोटे से प्यार ने उसे संवार दिया

जो दौर को प्यार से इत्तिफ़ाक़ न था, उसे भुला दिया

इस दौर में हम तुम प्यार कैसे करें

दिल के हालात का इज़हार कैसे करें

सुनना होगा

वो चाहें इस ज़मीं को किसी नाम से बुलायें, मिट्टी की आवाज़ों को तो सुनना होगा
वो चाहें इस आसमां को भूल जायें, करोड़ों ज़िंदगियों के ख़्वाबों को तो सुनना होगा

यहां फिज़ा की रंगत बदलती है हर पहर, पत्तियां रोशनी के ताने बाने बुनती पल पल
वो जो सिर्फ इक निगाह भर देख ले ये कैफ़ियत, उनके अफ़सानों को तो सुनना होगा

ये मत भूलों यहां लोगों को कदम कदम पर लाचारियों ने धूल में मिलाया है
घर से बेघर होकर भी जो आसमां से नज़रे मिलाये, उनकी आवाज़ों को तो सुनना होगा

यहां की सुबह गवाह हैं, हर युग में गंगा घाट पर संतों की भीड़ हुई है
मज़हब के संसद में जो प्रेम के गीत सुनाये, उनके किस्सों को तो सुनना होगा

यहां धर्म की सीढ़ी, लोगों के आँगनों में उतरी है, जहां पूर्ण सत्य बसता है
मदर टेरीसा, विवेकानंद ने हर चेहरे में खुदा का नूर देखा है, उनकी इबादतों को तो सुनना होगा

कौन यहां से जाता है

कौन यहां कब आता है, कौन यहां से कब जाता है
किसके हाथों में है जाम यहां, कौन प्यासा रह जाता है

चाहें आँखों में रेत किरकिराये, फिर भी आंखें पोंछ कर दोपहर में निकल जाना है
चाहें चेहरे पर मायूसी छा जाए, फिर भी हर सुबह आईना देख खुद-ब-खुद
बहल जाना है

चाहें मोहब्बत सहम जाए, फिर भी मोहब्बत का इज़हार करना है
चाहें उम्र यू हीं निकल जाए, फिर भी उम्र की सांसों का हिसाब रखना है

चाहें सावन का ठिकाना न हो, फिर भी बादलों के सपनों को सलाम करना है
चाहें आसमां पिघल रहा हो, फिर भी भटकती छांव की यादों में दम भरना है

किसकी आवाज़ है, जो उस पार से सागर का पैग़ाम लाती है
प्याला चाहें खाली हो, हसरतों के जाम फिर हाथों में थमा जाती है

नफ़रत के बाज़ार में

वो नफ़रत करते, लोग शहर छोड़ देते
वो अपने पड़ोसियों से मन मोड़ लेते
वो गलियों की रौनक पांव तले रौंद देते
वो छज्जों से सूखते पल्लू झिंझोड़ देते

जब मन में कोई सुकून नही ठहरते
बंद कमरों में नाकामी के बोझ बढ़ते
हालातों के दोष लोग दूसरों पर मढ़ते
जल्दी तब नफ़रत के बाज़ार खुलते

मोहब्बत के नग़मे, इस माहौल में गाए कौन
तपती दोपहर की चुभन, पलकों से उठाए कौन
धूल धूसित पेशानियों को, हाथों से सहलाये कौन
बुलडोज़र के बवंडर में, प्रेम की बंसरी बजाये कौन

कहां हैं वो जो सितारों से आंखें चुराते नही
कहां हैं वो जो रोशनी के जाम छलकाते नही
कहां हैं वो जो दोपहर की तपिश में कुम्हलाते नही
कहां हैं वो जो शाम की सुनसान राहों में घबराते नही

कितने क़हर बरसे, यहां लोग जीते हैं सुबह की रोशनी की तरह

मुस्कुराते हैं वो बेरहम काँटों के बीच, डालों से गिरते फूलों की तरह

नही 'रोती नरगिस यहां अपनी बेनूरी पर', चाहें आसमां तड़पे भादों में जेठ की तरह

सदियों से रोशनी है यहां नूर-ए-इलाही, ये दौर भी छटेगा मटमैले बादलों की तरह

उनका प्यार कैसा होता है

जो नफरत के माहौल में भी मोहब्बत के गीत गाते हैं, उनका प्यार कैसा होता है
जैसे प्यासे खेत कड़कते बादलों को गले लगाते हैं, उनका प्यार ऐसा होता है

जो सफ़र में लुटने के बाद भी सफर छोड़ नही देते हैं, उनका प्यार कैसा होता है
जैसे आंगन में जलते पांव छत पर दौड़े चले आते हैं, उनका प्यार ऐसा होता है

जो सुकून के कुछ लम्हों का ज़िंदगी भर इंतज़ार करते हैं, उनका प्यार कैसा
होता है
जैसे अपनी गली की धूप को कायनात समझ जो सज़दा करते हैं, उनका प्यार
ऐसा होता है

जो अंधेरों से उजालों का हिसाब माँगने में चूक नही करते, उनका प्यार कैसा
होता है
जैसे जमुना में विलीन हो कर भी जो किनारों से गुफ़्तगू करते हैं, उनका प्यार
ऐसा होता है

जो रात दिन हर शहर में सावन उतरने का तस्सुवर करते हैं, उनका प्यार कैसा
होता है
जैसे सूने दिलों को, सूखे जीवनों को, जो नयनों से सींचते हैं, उनका प्यार ऐसा
होता है

माँ की यादें

उनकी यादों के साये थक कर सो गए मेरे सपने में
वहाँ मैं जाता था, धूप के सरोवर देखने अकेले में

उम्मीद के फूल खिलते थे वहाँ, विश्वास के दर्पणों में
उन्हें आसमाँ देखता, रोशनी के किस्से सुनाता इशारों में

दोपहर का आंचल उनके माथे पर मोती बन दमकता था
आँखों का आब इंसानियत की पहचान बन चमकता था

अपनी ज़िंदगी भुला प्रेम के सागर में और दूर बहते गए
परवाह न की ज़माने के बदलने की, गहरे पैठ उतरते गए

कितने हैं ख़ार, कितने हैं बीहड़, जो उन्होंने पार किए होंगे
कितने हैं राख, कितने हैं धूल धूसित जाम, जो पिए होंगे

किसी ने न देखा हो, आसमाँ ने तो देखा होगा, वो कहां सोता है
उन्हें जो लम्हे मिले वो रौशन थे, उन लम्हों में कायनात बसता है

बुज़ुर्ग

हम पार्कों में घूमते हैं, हम सड़कों पर झूमते हैं

जब बयार उठती है, हम बेबस पलकें मूँदते हैं

सुबह होती है, तो हम शाम का इंतज़ार करते हैं

शाम होती है, तो यादों के सैलाब का आग़ाज़ करते हैं

चुपके चुपके हम किताबों के पन्ने पलटते हैं अकेले में

डर है रात कहीं थक कर सो न जाये किसी सफ़हे में

जिनकी राहें बिखर गईं, वो भी अरमां सजाए हैं इस मेले में

कहां है घर, कहां हैं नौकरी, कहां है मंजिल, इनके हिस्से में

जाम हमारे हाथों से छूटता नही, जब होश खो देता है चमन

बराबर शीशे में खुद को देखते हैं, बेहोश हो चाहें सारा वतन

सच्चा प्याला उठाते हैं हर रोज़, परब्रह्म की करते हैं इबादत

इंसानियत का जल है आँखों में, रोशनी की करते हैं हिफ़ाज़त

जो व्हाट्सएप का ज़हर सुबह उठकर दोहराते हैं, वो बुज़ुर्ग नही बूढ़े हैं

जो परिवार में अपने पड़ोसियों को शुमार नहीं करते हैं, वो बुज़ुर्ग नही बूढ़े हैं

जो जाने से पहले नए सायेदार पेड़ नहीं लगाते, वो बुज़ुर्ग नही बूढ़े हैं

जो सच्ची मोहब्बत की किताब नहीं पढ़ते, वो बुज़ुर्ग नही बूढ़े हैं

वो हैं बुज़ुर्ग, जो आज भी सूरज को सलाम करते हैं

वो हैं बुज़ुर्ग, जो झूठे वादे, झूठे इरादों को दरकिनार करते हैं
वो हैं बुज़ुर्ग, जो हर फूल की ख़ुशबू का ऐतबार करते हैं
वो हैं बुज़ुर्ग, जो आने वाली रोशनी का इस्तक़बाल करते हैं

दिल्ली - अंधेरे उजाले

दिल्ली की सुबह होती है, तो करोड़ों श्वासों के फूल खिलते हैं
दिल्ली की साँझ होती है, तो करोड़ों उम्मीदों के दीप जलते हैं

दिन में यहाँ चमक है अशोक की, रात को लरज़ है थोड़े से पीपलों की
मिट्टी में महक है कीकरों की, और कसक है थोड़े से गुलमोहरों की

ये सराय है दूर से आए राहगीरों की, चाहें उनकी नीयत कैसी हो
सावन यहाँ घिरता है सब के लिए, चाहें उनकी सीरत कैसी हो

यहाँ बिहार से, उत्तर प्रदेश से, बंगाल से थके हुए हौसले पहुँचते हैं
कश्मीर से, म्यान्मार से, अफ़ग़ानिस्तान से, अपनों के सताये साये भी भटकते हैं

आसमाँ ने यहाँ देखा है नफ़रत का जुनून बार बार, जमुना की प्रेम रज भी हुई है
शर्मसार
विभाजन के वो धुंधले दिन और शाम थे जैसे जंगल के सन्नाटे, जहां इंसा का
हुआ था शिकार

बिरला भवन की सुबह ओढ़े थी ओस की चादर, उन मोतियों को लगा अभी
बाकी है रात
आसमाँ देखता रहा, और बिखर गई पोरबन्दर की रोशनी की सौगात

लोगों ने कुछ तो सोचा होगा, अमन की फ़िज़ाओं ने दिल्ली को अपना लिया
आज़ाद थे दिल और नई आँखों ने दिल्ली को अपने दिलों में बसा लिया

कुतुब मीनार ने जैसे आसमाँ को नज़दीक खींच लिया, तुग़लक़ाबाद ने खंडरों
को ज़ुबान दे दी
यूसुफ़ सराये ने दिल्ली की सीमा तय कर दी, जमुना के धारों ने तसव्वुर को
उड़ान दे दी

अभी भी हैं खैबर पास के ढाबे, अभी भी हैं आर्ट्स फ़ैकल्टी के नज़ारे
लेकिन अब हैं तेरा मेरा करने वाले, अब हैं सिर्फ अपना आशियाँ बनाने वाले

दिल्ली - आसमाँ से गिरता जहाज़

दिल्ली को जो जानते हैं वो दिल्ली के उतार चढ़ाव को पहचानते हैं
सत्ता के गलियारों में सत्ता कैसे ज़ंजीरों से बांधी जाती है, वो जानते हैं

लेकिन आहट भी नही होती और मंज़र बदल जाते हैं, सुबह के सूरज शाम ढल जाते हैं
हवा में उड़ते ख़्वाब खाक में मिल जाते हैं, यहाँ तक कि आसमाँ भी दहल जाते हैं

वो ट्रेनर प्लेन उड़ाते थे, राजघाट और शांतिवन के चमकते धारों से फासले बनाए रखते थे
शहर का नक़्शा कैसे बदला जाए, इन ख़्यालों में सोते जागते उलझे रहते थे

उन्हें मालूम न था, तुर्कमान गेट का इलाक़ा जहां पुराने ख़्वाब नए दिलों में बस रहे थे
जहां मकानों की छत्तें ढह रहीं थी, जहां ग़ालिब के कदम धूल में मिट रहे थे

फिर उन गलियों में बुल्डोज़र चलने लगे, धूप में पुराने मलबे अपनी नींवों से बिछुड़ने लगे
मालूम नहीं क्या हुआ उन सायों का, कुछ जहंगीरपुरी के जंगलों में बसने लगे

सुबह की कलियाँ अभी कुम्हलाई नहीं थी, कनेर के फूल अभी दहक रहे थे

सुबह की फ़िज़ा अभी ठहरी हुई थी, आसमाँ से इक राख गिरी और कश्ती के

रुख बदल गए थे

लेकिन धतूरे के बीज़ फैल चुके थे विषैली भूमि पर आने वाली फसलों के लिए

युवा ब्रिगेड ने सिखा दिए थे धरती जलाने के तौर तरीके आने वाले मौसमों को

दिल्ली - इक शाख़ टूटी

लुटियंस की सुबह थी और पत्तियों के ढेर जल कर हो गये थे राख
सूरज ने अभी सिर उठाया ही था कि बिखर गई इक ऊंची शाख़

सफ़र कितना लम्बा था प्रयाग के धारों से दिल्ली की धूल भारी आँधियों तक, मालूम नहीं
रास्ते में कितने शहर बसे, कितने घर उजड़ें, कितनी आवाज़ें दबीं खामोशियों में, मालूम नही

ग़ुलाम समाज में रहते हुए, उन्होंने सत्याग्रह की रोशनी में देखी थी करोड़ों की आस
लेकिन बरसों बाद सत्ता को बांधने की चाह में, उन्होंने अंधेरों का अपना लिया था साथ

सत्ता की बेड़ियाँ और कसती गईं, इक नई दुनिया साथ में बसने लगी
समुंदर कितना लाचार हो लहरें किसी की सुनती नहीं, रेत की दीवारें आख़िर ढहने लगीं

जब द्वारपाल हों आगे, पीछे, दाएँ, बाएँ, खुद को भी भरोसा नही रहता है अपनी बात का
उस सुबह भी, गाज गिरने से पहले, आसमाँ को अंदाज़ नही था आने वाली रात का

ये सुबह यहाँ ख़त्म हो जाती तो कितने आंगन यूं जलते नहीं, गलियाँ यूं बिलखती नहीं

नापाक अंधेरे सफेद लिबासों में यूं सजते नहीं, रोशनी यूं यतीम होती नहीं

जब सत्ता इंस्टीट्यूशन्स के खंडरों में पनपती है, सरकारें गिराने और बनाने की सीढ़ियों पर भगदड़ रहेगी

आज धर्म के धनुष पर सत्ता बैठी है, जब तक धर्म के तीर चलेंगे, सत्ता बेड़ियों में रहेगी

दिल्ली - धरती हिलती है

'जब कोई विशाल पेड़ गिरता है तब धरती हिलती है,' लोगों के क्या ऐसे
ख़यालात भी होते हैं
त्रिलोकपुरी के सूने आँगनों को वो पेड़ गिरने की वारदात कहते हैं, क्या ऐसे
जज़्बात भी होते हैं

जब लम्बा वक्त गुजर जाए बिना इंसाफ़ के, ये और भी बड़ा गुनाह होता है
अंधेरों के दिग्गज़ खुद को उजालों का ख़िदमतगार बतातें हैं, क्या ऐसे हालात
भी होते हैं

पूरे के पूरे घर खत्म हुए हैं यहाँ इक पल में, दरिंदगी की इन राहों में
दूसरों के वहशीपन को तुमने क्यों अंजाम दिया, कभी क्या ऐसे सवालात भी
होते हैं

कैसे भुलाएँगे रक़ाबगंज के बाहर सफेद खादी में लिपटे क़ातिलों को
वर्दी को शर्मसार करते पुलिस के ज़ालिमों को, यक़ीं नही होता क्या ऐसे
गुनहगार भी होते हैं

याद हैं त्रिलोकपुरी, मंगोलपुरी के जलते मकान, चाँदनी की चादर में लिपटे
ख़ामोश ख़्वाब
इंसाफ़ की मंज़िल दूर है हज़ारों बुझती हुई ज़िंदगियों के लिए, कभी क्या ऐसे
मक़ामात भी होते हैं

दिल्ली - गंगा जमुना के धारे

इस शहर का हर चौराहा हो गया है अनजाना, यकीन नहीं होता
नफ़रत की तकरारों का बन गया है नक्कारख़ाना, यकीन नहीं होता

हवाएँ वही, फ़िज़ाएँ वही, घटाएँ वही, लेकिन ख़्वाब हैं बहके बहके
कैसे हज़ारों सावनों का ख़ाली हो गया पैमाना, यकीन नहीं होता

इतिहास को तोड़ मरोड़ कर बनाई है ये हाला, जिसके बिना निगल नहीं सकता कोई निवाला
न अकबर, न गांधी, न आम्बेडकर इन राहों में, बढ़ रहा है वीराना, यकीन नहीं होता

प्यार के पलाश खिलते हैं बारह मास, हिंसा की तलवार के आगे पीछे हंसती है ख़ाक
बहार के रंगों को दिल में उतार लेना, देख रहा है ज़माना, यकीन नहीं होता

बहते हुए माथे के पसीने में, देखो नहीं तेरे मेरे, ये हैं गंगा जमुना के धारे
करोड़ों जाम छलकते हैं यहाँ सुबह शाम, आस लगाए है मैखाना, यकीन नहीं होता

दिल्ली - सुबह के फरिश्ते

दिल्ली के उजाले ढूँढती हैं अकसर निगाहें मेरी
गलियों में, छत्तों पर, धूप छाँव सी यादों में तेरी

आसमाँ जैसी मासूमियत है इन स्कूल जाते बच्चों में
आँखों से नूर टपकता है सुबह के इन फ़रिश्तों में

उम्मीद है वो सलामत रहेंगे पिघलती दोपहर की बाहों में
गुलमोहर अगर तुम लगाओगे, शाम को तलाशती राहों में

जो तुम्हें खरपतवार समझते हैं, धतूरे बेचते हैं लुभाने को
हर साल नई फसल तैयार होती है, खेतों में आग लगाने को

सपने वो हैं अच्छे जो तुम्हारे हक़ को तुम तक लेकर आएँ
घरोंदे तुम्हारे पहले बने, फिर आलीशान नज़ारे बनाए जाएँ

दोपहर इतनी थक गई है, सुबह का इंतज़ार रहेगा सबको
जिसने जितना साथ दिया है, इतिहास याद रखेगा सबको

धूल का साम्राज्य

धूल का साम्राज्य होता है, लेकिन फिर भी छोटा होता है
रेत का समुंदर तुम बांधों पहले, तब अगला सावन होता है

तुम ने जो देखा और सुना, उसकी हर परत को महसूस किया
कितनी कहानियों को उजागर किया, जब अपनों ने मायूस किया

ये कारवां कहां जा रहा है, तुम भी नही जान पाए इस लम्बे सफ़र में
बहुत से मोड़ आगे हैं, लेकिन तुमने रुक कर देखा हर चौराहे को इस शहर में

आम आदमी की हिम्मत कब तक उसका साथ देगी, कौन जाने
उसकी ज़िद्द सड़कों से संसद तक किसके हाथ होगी, कौन जाने

कहां हैं जमुना के टूटते किनारे, कहां हैं राजघाट के उजड़े नज़ारे
कहां हैं फोर्थ एस्टेट के बिखरते साये, कहां है हमारे सच के इशारे

कहां हैं हमारे गणेश शंकर विद्यार्थी, कहां हैं हमारे कुलदीप नायर
कहां हैं हमारे बौब वुड्वर्ड, कहां हैं हमारे क्रिस्टियन आमनपुर

साल 2024

इस शहर में आने वाले रात दिन कैसे होंगे
मुझे डर है बहुत से चिराग़ बुझ चुके होंगे

आने वाले चुनाव के ख़ौफ़ लोगों को सताते होंगे
घर से बेघर न हो जाएँ, ये ख़्याल तो आते होंगे

बहुमत सत्ता के तूफ़ान शायद बेहाल करते होंगे
छोटी कश्तियाँ डूब जाने के आसार तो लगते होंगे

कैसा समाज बनेगा इसके विवाद छिड़े होंगे
फेक न्यूज़ पर इतिहास के मुखौटे चढ़े होंगे

गाँधी खादी के इस्तेमाल धड़ल्ले से हो रहे होंगे
इनकी लाठियों के वार, विचारों के धारे सह रहे होंगे

मालूम नहीं कितने देश छोड़ने पर मजबूर हुए होंगे
परदेस के वीराने देस के मेलों से महफ़ूस लगे होंगे

इंस्टीटूशन्स जब कमजोर हों, बहुमतवाद से लोग डरते होंगे
शाख़ कब जल गई, घाटियों के सघन वन तो बेख़बर होंगे

इतिहास के कुछ पन्नों में जो आने वाले कल को देखते होंगे
पुरानी लहर में आज के करोड़ों के समुंदर को कैसे देखते होंगे

ये देश, ये लोग, मिट्टी से जन्मे हैं वो धरती से जुड़े होंगे
तुम चले जाओगे, तो भी वो गंगा जमुना के किनारों पर होंगे

काव्य क्यों - विश्व कविता दिवस

काव्य है तेरे मेरे सफर का हिसाब

भटकते डूबते हर लम्हे का अहसास

आती जाती हर श्वांस की रफ़तार

पल से पल जोड़ती रोशनी का सैलाब

काव्य है धूप में आंचल जल जाने की तड़प

छाँव में बोझल पलकें झुक जाने की महक

सुबह की रात से अलग हो जाने की कसक

थक कर, शाम को रात में डूब जाने की ललक

काव्य है मन को जानने का जुनून, कितनी हैं गहराइयाँ

कितने दरवाज़े हैं इस महल के, जहां बसती हैं परछाइयाँ

कितने चेहरे हैं जिनकी रहती है बेजुबां, सुबह और शाम

किसको कितना मिला आसमाँ, किसको कितना जाम

काव्य है इस फलक का शीशा, इस धरा का हमसफ़र

उजाले और अंधेरों का पैमाना, जिसे देखती हर नज़र

जूझता है हर दौर अपनी महामारियों से, अपने बीमारों से

निकलेंगी इस शहर की रौशन राहें प्रेम के तीमारदारों से

काव्य है इस धरा की कहानी, उगते डूबते सूरज की कहानी

इस देश की कहानी, पोरबन्दर के रौशन गलियों की कहानी

इस शहर की कहानी, उभरते डूबते बेज़ार सपनों की कहानी

इस मोहल्ले की कहानी, गलियों में दोपहर के क़हर की कहानी

काव्य है जज़्बातों के धारे जो अर्थ के सागर में मिलते नहीं

शब्दों के हैं काफिले जो किसी मंजिल की तरफ बढ़ते नहीं

छंदों की है सुगंध जो बताती है सिर्फ दिलों की कहानियाँ

लय का है चलन जिसमें पुकारती हैं अंतर्मन की पुरवाईयाँ

इतिहास के हाशिये

दिलों का अँधेरा दूर नहीं होता, सुबह के फूलों में न रात की शोख़ियों में अकसर
पलक झपकते, ये बोझ कतरा बनकर टपकता है दिल की घाटियों में अकसर

इतने जतन मत करो रात दिन, अपने लिए ख़्वाबों का आशियाँ बनाने में
ख़्वाब भी जब तेरे मेरे हो गए, ये दिल अकेला हो गया आंगन की खाईयों में
अकसर

बहुत सी आतिशी सुबह देखी हैं, मानो सूरज ने हाथ पकड़ कर उठाया हो मुझे
जब गलियाँ बेचैन हुई मानो रात कोई दरिंदा हो, ये दिल भटका है खौफ की
गहराइयों में अकसर

इससे पहले की सब बदल जाए, अच्छा है तुम आ गए, तमन्ना थी बहुत तुमसे
मिलने की
मालूम नहीं कैसे तुम बहक गए, तुम ने कुछ तो देखा होगा गंगा जमुना की
रवानियों में अकसर

जिन सीढ़ियों को तोड़ कर, तुम नई इमारतें बनाने के सपने बेचते हो रात दिन
ये सीढ़ियाँ न होती, तो कुछ न होता, तुम खोए रहते इतिहास के हाशियों में
अकसर

खेड़ा - शायद गुजरात रोया

सूरत के हीरे जब सड़कों पर बाट जोहती पलकों में पिघल गए, तो शायद
गुजरात रोया
खेड़ा के सजाये गरबे में जब मासूम दिल दहल गए, तो शायद गुजरात रोया

कितनी रोशनी थी यहां अभी हाल में, पोरबंदर से साबरमती के किनारों तक
सफ़ेद लिबासों में इतराते कातिल जब राजमार्ग पर निकल गए, तो शायद
गुजरात रोया

गोदरा हो, चाहें अहमदाबाद, अंधेरी गलियों में रोशनी बार बार यतीम हुई है
यहाँ
अंधेरे किले देख कर, जब अमन के फ़रिश्ते भी बदल गए, तो शायद गुजरात
रोया

कहां हैं भावनगर के महल, कहां हैं कच्छ के सफ़ेद किनारे, कहां हें द्वारका के
डूबते नज़ारे
सोमनाथ का रौशन जल छोड़ कर, जब काफिले नफ़रत के कीचड़ में फिसल
गए, तो शायद गुजरात रोया

चमन की हिफ़ाज़त अब कौन करे, किसे फ़िक्र है इस जाती बहार के इन फूलों
की

शाखें झुलसती रहीं, जब इस दंडक वन में फ़ोर्थ इस्टेट भी बहल गए, तो शायद
गुजरात रोया

वैष्णव जन

भोर भई वैष्णव जन, चलो गंगा के किनारे
सांझ भई रौशन मन, चलो जमुना के किनारे

अब देर न करो, चांद से फूटी है पीर की धारा
व्याकुल हैं गलियां, पिघलता है आसमां से पारा

वैष्णव के मन दमकते हैं दर्पण की तरह, अंधेरी रातों में
उनके हाथ उठते हैं शाख़ों की तरह, पथरीली राहों में

उनके दिल धड़कते हैं, जब धरती लेती करवट सुबह शाम
उनके दिल सिहरते हैं, जब मासूम राहें जल जाती सरे आम

उनके नयनों का पानी है हिमालय की असमत, विंध्या की शान
उनकी पलकों में हैं करोड़ों धारे, उनकी रोशनी में सपने निगहबान

सरयू के घाट

नफ़रत के मलबे पर मंदिर बनाओगे, तो वो क्या सोमनाथ जैसे रौशन होंगे
जुनून के फूल सरयू में बहाओगे, तो वो क्या गंगा जैसे पावन होंगे

उन गुम्बजों से जो बयार उठती थी, वो सरयू की लहरों में समा जाती थी
ढलानों पर झूमते कीकरों की मोहब्बत, अयोध्या के आँगनों में पहुंच जाती थी

लोभ के क़स्बों से, क्रोध के शहरों से, वो रथ यात्रा निकली थी
कैसा धर्म युद्ध था, जब राम नाम की आग से गलियाँ झुलसी थी

सत्ता का जाम छलकता है, उन रास्तों पर जहां धर्म के धतूरे का हो डेरा
उसके पीले फूलों का नशा है उन दिलों दिमाग पर, जहां न हो इंसा का चेहरा

आज करोड़ों ने धरम की चादर ओढ़ रखी है, यूं ही अपनी ज़िंदगी छुपा रखी है
राम का उजाला जो गलियों में, छत्तों पर उतरा है, उससे नज़रें चुरा रखी हैं

कहां हैं वो, जो हर धड़कते दिल में राम की रोशनी देखते नहीं
कहां हैं वो, जो भूख मिटाते हर ग्रास में राम की रोशनी देखते नहीं

कहां हैं वो, जो हर दूध पीते बच्चे में राम की रोशनी देखते नहीं
कहाँ हैं वो, जो हर बाट जोहती निगाह में राम की रोशनी देखते नहीं

मन्दिरों में दीवारों का नहीं होता घेरा, दया न्याय प्रेम के उद्वारों का होता है उजेरा
रौशन है वो मंदिर जहां इंसा का होता हो सवेरा, जहां शाम पंछी का होता हो बसेरा

अभी भी ये दिल क्यों मानता नही, पड़ोसी जब गली, मुहल्ला, शहर, देश छोड़ जाते हैं
इक ठंडा नश्तर कलेजे में उतर जाता है, शायद कोई दरवाज़े पर रुक जाए जाते जाते

नया दौर

तुम देख लो, इस दौर में भी हम चमन में फूल खिलायेंगे
तुम जान लो, सितारों की चूनर से हम आसमाँ को सजायेंगे

जहां सुबह का आँचल फैला हो, हम ऐसी सुबह बनायेंगे
जहां दोपहर चाहे तपती हो, हम दोपहर को आशियाँ बनायेंगे

जहां रुल ओफ़ लॉ हो गलियों में, हम ऐसी मोहल्ले बनायेंगे
जहां इंस्टीटूशन्स की मर्यादा हो, हम ऐसे महानगर बसायेंगे

जहां कल की रोशनी दिखती हो, हम ऐसे विश्वविद्यालय बनायेंगे
जहां विचारों का दरिया बहता हो, हम ऐसे सबक़ सिखायेंगे

जहां संविधान के घने साये हों, नौनिहाल को उन उपवनों में ले जायेंगे
नई पौध को, इस उपवन के देवदार की शान के किस्से सुनायेंगे

जहां ये दौर खत्म होगा, वहाँ मोहब्बत के छप्पर फिर आसमाँ को झुकाएँगे
नई मिट्टी से बने पुराने गाँव, फिर इस देश को इंसा का घर बनायेंगे

होली 2023

जब फूलों के रंग घुल जायें इस शहर की गलियों में,खेल लेना तुम होली फागुन में

जब सुबह की ख़ुशबू बस जाए इस शहर के आंगनों में, खेल लेना तुम होली फागुन में

जब धरती की धानी चादर ओढ़े बेताब आसमाँ झुक जाए तुम्हारे सिरहाने

जब शाम ढलने पर भी हौसले बरकरार रहें नई राहों में, खेल लेना तुम होली फागुन में

जब होली की आग में दहन कर नफ़रतों के जामे, तुम पहनो प्रेम के श्वेत धागे

जब प्रीत की रीत महके जमुना की धारों में, खेल लेना तुम होली फागुन में

जब अपने अहंकार के समंदर से बाहर निकल, तुम देखो इस शहर के बिखरते सपने

जब करोड़ों श्वासों की फसल लहलहाये तुम्हारे ख़्वाबों में, खेल लेना तुम होली फागुन में

जब तुम्हें कोई पुकारे बन जाना इस शहर के खिवैया, तुम थाम लेना मोहब्बत की पतवारें

जब कोई अकेला न रह जाए खाक की लपटों में, खेल लेना तुम होली फागुन में

मरुस्थल देश

देश मरुस्थल हो जाते हैं, लोग रेत में मिलते जाते हैं
न दिन, न रात, न धूप, न छाँव, बस खाक में घुलते जाते हैं

सुबह की रोशनी देखकर भी, वो घर में बदहवास छुपे रहते हैं
रोशनी की किरण कोई सवाल न कर बैठे, बस खौफ में रहते हैं

यहाँ अब कबीले आते हैं, कबीले जाते हैं, बिरादरी का दम भरते हैं
देश नही, ज़मीं नही, आसमाँ नही, सिर्फ नफ़रत का जाम भरते हैं

न काँटे न फूल, न नीम न बबूल, बंजर देश में सिर्फ कीकर उगते हैं
न प्रेम, न वैराग्य, पत्थर दिल, सोते जागते बहकी बहकी बातें करते हैं

रेत का कोई वजूद नही, कोई धरम नही, आज यहाँ कल वहाँ, कोई जानता नहीं
रेत के क़िले बार बार बनते हैं, चमकते हैं, फिर बिखर जाते हैं, कोई जानता नहीं

मरुस्थल को अंदाज नहीं मौसम का, सावन कब आए, भादों लौट कर कब जाए
बादलों से कहो वो जमुना के किनारों पर झुकें, फिर रुक कर आगे बढ़ जाए

चंद शेर

अंधेरों की आड़ में जो कश्तियाँ डुबोते हैं, वो सागर की विरासत जानते नहीं
हर सुबह लहरें सूरज से रोशनी उधार लेती हैं, कहीं अंधेरे शहंशाह न हो जाएँ

उम्र भर की जद्दोजहद के बाद भी, आज मेरी गली की शाम है तनहाँ तनहाँ
कितनी शाखें टूटीं, कितने बातें झूठी, इस शहर की नई तस्वीर है परेशां परेशां

ये जो दरिया है, उसे मोड़ कर, तोड़ कर, मनचाहे नक्शे तुम बनाना नहीं
क्यों जूझते हो गंगा के किनारों से, उसके धारे किसी दौर के मोहताज नहीं

इश्क की बातें करते हैं जो दिन रात, वो इश्क की सिर्फ किताब पढ़ते हैं
जिनकी सुबह सजल नयनों से रौशन होती है, वो इश्क को दिन रात जीते हैं

प्यार कहते हैं इक सफर, कुछ कहते हैं ये रोशनी की दोपहर
प्यार कहते हैं इक अहसास, कुछ कहते हैं ये युगल श्वास

ये वक्त बीत रहा है दिन रात, इक दरिया बह रहा है आस पास
रोशनी की लहरें उठती बार बार, मानो इक समंदर हो साथ साथ

ये पल जी ले

सुबह उठने में जो थोड़ी देर हो गई मुझे आज

नींद का सागर खींच ले गया मुझे अपने साथ

उठा तो रोशनी का दरिया उतर आया था पास

हर लम्हा उजाले का इक कतरा है, जो आएगा कभी न दोबारा

सावन की घटा उमड़ी है जो आज, आएगी कभी न दोबारा

पुरवाई छज्जों को सुलाती है जो आज, आएगी कभी न दोबारा

आज जो तुम हो सिर्फ आज हो, कल दिल की धड़कन बदल जाएगी

इस पल की जो अजीब कशिश है, पलक झपकते ढल जाएगी

इस श्वास की जो तेज रफ़्तार है, अगली श्वास में सम्हल जाएगी

इस पल में कितने अंधेरे हैं, उनका ओर छोर देख न पाओगे

इस पल में कितने उजाले हैं, उनके जलते अधर समेट न पाओगे

इस पल में कितने रास्ते हैं, उनका सफर तय न कर पाओगे

अब सोचो नही, इस शाम को जी ले, कहीं आसमाँ बहक न जाए

अब सोचो नही, इस जाम को पी ले, कहीं पैमाना छलक न जाए

अब सोचो नही, इस फुहार को छू ले, कहीं सावन भटक न जाए

इमरजेंसी 1975

दोपहर के पत्ते सिर झुकाए थे किसी रहमदिल झोंके के इंतजार में
उस दिन सूरज चमकता रहा और शहर गिरते गए अन्धकार में ।
अखबारों की सुर्खियां बिन बिजली के काग़ज़ पर अधूरी रह गईं
सुबह बदहवास, संसद बेकार, सच की हर सांस सहमी रह गई ।

हम किताबों में रोशनी तलाशते रहे, और दोपहर हम पर हंसती रही
हम सही मौके ढूंढते रहे, और ज़ंजीरे हमारे दिमाग को जकड़तीं गईं ।
ट्रेन सही समय पर चलने लगी, तो लोग उसे इंक़लाब मानने लगे
दिल्ली में गरीब बस्तियाँ टूटने लगी, तो लोग उसे पुनर्वास जानने लगे ।

उस दोपहर जेपी ने इक डरा हुआ, इक हारा हुआ, लोगों का समुंदर देखा
आसमान से टूट कर बिखरी शाखें, ढहती इमारतों के मलबे का बवंडर देखा ।
हर जंग से जो भागते हैं ज़िन्दा रहने के लिए, ऐसे भगोड़ों का मंज़र देखा
जो अपना गाँव लुटेरों को सौंप दे, ऐसे पंचों के प्रपंच का पुराना खंडहर देखा ।

इस दौर का ज़िक्र जब जब हुआ, सफेद खादी में लिपटे जुआरी याद आते रहे
जीतने की चाह में सावन को दांव पर लगाते गए, आसमां से नज़र चुराते रहे ।
उनके कारनामों को भूल पाना मुश्किल, लेकिन उनके चेहरे धूल में मिटते गए
समंदर को वो कैद न कर पाए, हालांकि अंधेरे में कप्तान कश्तियां डुबोते गए

तेरी मेरी बातें

हर श्वांस में इक नई इबादत है तेरी मेरी

हर आह में इक नई चाहत है तेरी मेरी

हर ख़्वाब में इक नई जन्नत है तेरी मेरी

हर धड़कन में इक नई मोहब्बत है तेरी मेरी

हमारी सुबह हमारी शाम सिर्फ है अपनी

इससे ज़्यादा कोई मिल्कियत नही अपनी

आज के फूल, तुम बालों में सजा लो अपने

आज की ख़ुशबू, तुम दामन में भर लो अपने

आज जो कहना है कह लो, अब सोचो नहीं

आज जो सुनना है सुन लो, अब रोको नहीं

कल के नगमें अब कहाँ, फिर भी सुर तो मिला लो

कल जैसी शाम अब कहां, फिर भी नज़र तो मिला लो

टूटे सपनों की गठरी कोई थामे, इसकी उम्मीद न करना

इतनी दूर तुम आ गए हो, वापिस जाने की भूल न करना

जहां वह घर था, उन कमरों में, अब नई दुनिया बसती है

जहां वह घर था, उन छज्जों में, अब नई सुबह टहलती है

सुबह के सुरूर में इक शाख़ छू जाए, उसे आशियाँ समझो

दोपहर की तपन में इक फुहार पास आ जाए, उसे सागर समझो

साँझ के सफर में, सूरज का सिरहाना मिल जाए, उसे जन्नत समझो

इस तेरे मेरे के शोर में, कोई इंसा कहीं मिल जाए, उसे ज़िंदगी समझो

नया साल 2023

तुम दूर के राही हो, इक नज़र भर जान तो लूँ, फिर आगे चलूं
इस लम्हों की पूरी किताब में, कुछ वर्क पहचान तो लूँ, फिर आगे चलूं

बीते दिन, बीते मौसम, बीती बातों में नए साल पनपते हैं
इस परछाइयों के दौर में, उजालों का अहसान तो लूँ, फिर आगे चलूं

ऐ ज़िंदगी, कितने नगमें, कितनी हसरतें, कितने ख़्वाब थे मेरे दिल में
इस खरीद फ़रोख़्त के मेले में, ख़्वाबों का सामान तो लूँ, फिर आगे चलूं

तुम जो आए हो अभी इस महफिल में, तुम्हारे शहरों की गंगा का क्या होगा
इस रोशनी के कुंभ में, इस संगम में, मोहब्बत का इम्तिहान तो लूँ फिर आगे
चलूं

साल आते हैं, सिमिट जाते हैं, फिर गुम हो जातें हैं, मानो यादें हों बरसाती धारा
इस खिलते बिखरते फूलों के चमन में, ज़िंदगी को पहचान तो लूँ फिर आगे
चलूं

फ़िलाडैल्फ़िया

न्यूयोर्क का हमसाया है फ़िलेडेल्फ़िया, लेकिन इसके दिलों की कहानी है जुदा

पतझड़ में यहाँ भी पत्तियों के बिछावन हैं दहकते, लेकिन इसके खामोश बागों की कहानी है जुदा

स्कूकल नदी का शांत पानी आसमाँ को है देखता, हाइवे का ट्रैफ़िक बहता है दोनों ओर

स्टीम बोट्स की जगह अब रेल रोड ने ले ली है, लेकिन इसके टूटते किनारों की कहानी है जुदा

न्यू योर्क जैसी दीवानगी नही है, लेकिन यहाँ भी अंधेरी गलियों में साये हैं पुरानी बेड़ियों के

इंडेपेंडेन्स हॉल से रौशन हैं यह भाईचारे का शहर, लेकिन इसके ढहते मकानों की कहानी है जुदा

यूपेन यूनिवर्सिटी में हर साल कितने नए चेहरे पहुँचते हैं, ज़िंदगी की जद्दो जहद में

दर्शन, काव्य, विज्ञान गूंजता है यहाँ गलियारों में, लेकिन इसके आत्ममुग्ध ख़्वाबों की कहानी है जुदा

यहाँ पब्स की रौनक कितनी दिलकश है, मानो ख़्वाबों की पहली मंजिल ने पुकारा है आज

रात में ठिठुरते लाचार को भी कुछ मिल जाता है, लेकिन इसके अधूरे इरादों की कहानी है जुदा

ऐसे शहर अब मिलेंगे कहां, जहां रुक कर कोई पूँछे हाल तुम्हारा, चाहें उसका अपना दिल हो बेहाल

ध्यान रहे सर्दियों में यहाँ सड़कें जम जातीं हें, लेकिन इसके चर्चों के गरम सूप की कहानी है जुदा

प्यार का अहसास

प्यार नहीं ढूँढता कोई किनारा

प्यार नहीं चाहता कोई सहारा

प्यार की मंज़िल नही कोई अपनी

प्यार तो इक सफर है, सिर्फ सफर

किसी की पलकों ने मिट्टी को रौशन कर दिया

किसी ने पूरब का दरिया आँगन में उतार दिया

कीकर के काँटों को भी दोपहर ने हीरा बना दिया

प्यार तो इक रोशनी है, सिर्फ रोशनी

कितनी बातें टूटी हैं मालूम नहीं

कितनी रातें रूठी हैं मालूम नहीं

कितनी सुबह छूटीं हैं मालूम नहीं

प्यार तो इक आईना है, सिर्फ आईना

सावन का ठिकाना नहीं, इस शहर को कैसे बताएँ

फिर ये आवारा बादल, मकानों पर कैसे झुक आए

छज्जों पर पुकारती है पुरवाई, रात को कोई समझाए

प्यार तो इक कशिश है, सिर्फ इक कशिश

कितना शोर है इन गलियों में, इन चौबारों में

प्यार कहां ढूँढोगे इन खारों में, इन पथरीली राहों में

प्यार पनपता है हिम्मत वालों में, दिल के शहज़ादों में

प्यार इक अहसास है दिलों का, सिर्फ मज़बूत दिलों का

प्यार कहां ढूँढोगे इन खारों में, इन पथरीली राहों में

प्यार पनपता है हिम्मत वालों में, दिल के शहज़ादों में

प्यार इक अहसास है दिलों का, सिर्फ मज़बूत दिलों का

पतझड़

ज़मीं पर गिरे लाल पत्ते बन जाएँगे सर्दी का बिछावन, कुछ दिनों में
हिम की इबादत में आसमाँ बन जाएगा रोशनी का दरपन, कुछ दिनों में

हाथ थामा किसी ने चिनार की शाख़ों तले, दिल ने चाहा काश ये शाम ठहर जाए
दिल को ज़ुबां ना मिले, दिल को याद आएंगे ये आवन जावन, कुछ दिनों में

पत्तियों के ढेर कदम कदम पर, धुआँ छोड़ते इस साल के ये बिछड़ते मेहमान
चुपके से उनकी यादों का साया भी चला जाएगा छोड़ कर ये आंगन, कुछ दिनों में

ये भँवरे, ये तितलियाँ, पल भर के लिए सोचती नहीं आने वाली सर्द हवाओं की कैफ़ियत
जमुना पर है जमघट हसरतों का, जो लौट जाएँगी जैसे लौट जाता है सावन, कुछ दिनों में

ये साल खत्म होने वाला है, अब उनकी तमन्नाओं का क्या होगा इस ढलती रोशनी में
ये पत्ते झूम रहे हैं डालियों पर, मानों ऋतु थाम लेगी वक्त का दामन, कुछ दिनों में

भारत जोड़ो - दक्षिण की पहल

आज दक्षिण ने भारत जोड़ने का तय किया है, ये प्यार का सफर
कुंभ है ये सवालों का, जहां करोड़ों दिलों की उम्मीदें करती हैं बसर

मैसूर की बारिशों ने सराबोर किया है, हर आने वाले की राहों को
कृष्णा और गोदावरी के किनारों ने भी पुकारा है, उनके आंगन उनके चौबारों को

आंध्र की पथरीली हरियाली भी करती है, बुंदेलखंड और संगम से बात
देखो जब कभी धरती तपती, तो आसमाँ देता है सिर्फ अपने अमृत की सौगात

काफिले हैं सड़कों पर बयार जैसे, गुफ़्तगू है खुद से, धूप और घटाओं से कभी
आगे कैसे मोड़ आयेंगे मालूम नहीं, नए हौसलों को भी रुबरु होना होगा इन
सभाओं से कभी

प्रेम रज लानी होगी काशी के दमकते शिवालयों से, जमुना के गोकुल गाँवों से
अमन के स्रोत बहते हैं यहाँ सदियों से, जोड़ना होगा इन्हें दक्षिण के धारों से

रघुनाथ

चैत्र मास की नवमी, खेलती है ऋतुराज से गुलाल धरती पर
सरयू के किनारे, अवतरित है इंसानियत की मिसाल धरती पर

मंदिरों में अर्चना करते है भक्त, जुबां पर होता हरी का नाम
आसमां हंसता है, कैसे जानेंगे रघुनाथ अंधेरे का हाल धरती पर

'निर्दय कपटी कुटिल मलायन,' घाटों पर मंडराते हैं गिद्ध
सरयू मैली कैसे हुई, अंधेरा करता उजाले से सवाल धरती पर

रघु का नाम खंजर की तरह इस्तेमाल होगा, कभी सोचा न था
मासूम गिरते सूनसान गलियों में, है किसे मलाल धरती पर

पत्थर की अहिल्या को तारा, आज पत्थरों में खौफ है करुणानिधि का
अब किसकी इबादत करे, खुदा का भी हुआ इस्तेमाल धरती पर

मोहब्बत के मेहराब

वो हम नहीं, वो तुम नहीं, फिर यादों का सैलाब क्यों संभलता नहीं
अब वो फ़िज़ा नहीं, वो आसमाँ नहीं, फिर दिल ये बेताब क्यों संभलता नहीं

दर बदर कितने रास्तों पर भटका हूं, कितने खारों में उलझा हूँ
अब वो घर नहीं, वो सहर नहीं, फिर वो वर्क किताब का क्यों संभलता नहीं

उनकी झलक पाने के लिए छोड़ दिए वो छाँव, वो धूप, वो महकते चौबारे
अब वो ज़मीं नहीं, वो शहर नहीं, फिर वो जुदाई का आब क्यों संभलता नहीं

ख़ुद को ढूँढता फिरता था, उनके ख्यालों ने दिलों की गहराइयों को रौशन कर दिया
अब वो उम्र नहीं, वो दीवानगी नहीं, फिर नूर उस आफ़ताब का क्यों संभलता नहीं

खुद पूछों, मोहब्बत के महल कैसे बनाओगे, मोहब्बत के मेहराब कैसे सजाओगे
खुद देखो, अब वो रातें नहीं, वो रोशनी नहीं, फिर वो कायनातें महताब क्यों संभलता नहीं

आकाशगंगा

डूबते सूरज से भी वो नज़रे मिलाते रहे

चूनर के सितारे उनकी आँखों में दमकते रहे

रोशनी महकती रही दिन रात उनकी साँसों में

आकाश का पैमाना छलकता रहा उनके हाथों में

अभी तो दोपहर है, मेट्रो का सफ़र बाकी है,

धूप का तक़ाज़ा है, रात का आशियाना दूर है,

शाम का तारा भी बस्तियों के पीछे डूबा हुआ

देखो उनकी आँखों में महताब धारा छुपा हुआ

ज़िंदगी ऐसे ही बदलती गई

चाँदनी को आँख भर कर देखते नहीं

आसमाँ सिर उठा कर देखने की फुरसत जाती रही

आकाशगंगा को किताबों में ढूँढने की आदत आती रही

इस कशमकश में आसमाँ बन गया नींद का तकिया

अंधेरे के गर्भ में लेकिन है वो रोशनी का दरिया

वो तो आर पार है मन की तरह

जहां नए संसार बनते हैं दर्पण की तरह

खत्म न होगी कभी इस छोटे से संसार में चाह जीने की

चाहें कितनी ठेस लगे नादान दिलों को
तुम सिर्फ इन तंग गलियों के सिकंदर नही हो
इस दहलीज़ से दूर ढूंढो अनजान काफिलों को

ऐसा प्यार कहां मिलेगा

जो हर सावन लौट कर आए ऐसा सिंगार कहां मिलेगा
जो ख़ामोश दिलों पर दस्तक दे ऐसा प्यार कहां मिलेगा

जब देखा प्यार का इज़हार, सुबह का आंचल ढल गया
जब देखा ख्वाहिशों का संसार, प्यार का दामन फिसल गया

मन का महल है विशाल, घबराता हूँ कुछ कमरों के पास जा कर
कितने हैं अक्स यहां, बिखर जाएँगे वो प्यार की गंगा में समा कर

प्यार की आड़ लोग क्यों लेते हैं, शायद शह मिलती है अंधेरे दिल के मोहरों को
नक़ाब चाहें कैसा हो, प्यार की बौछार सराबोर करती है छिपे हुए चेहरों को

जो सिर्फ प्यार का तसव्वुर भी कर लेते हैं, वो धरा की जंजीरों से छूट जाते हैं
जो महसूस करते हैं प्यार का असर, वो सितारों में आशियाँ बनाते हैं

मेवार के गाड़िया लुहार

दिल्ली की सड़कों पर जब दोपहर सो जाती है बदहवासी की बाहों में, चुपके से
चार सौ साल पुरानी चिंगारियाँ लपकती हैं गाड़ियां की तपती निगाहों में, चुपके
से

लोहा तपता, पिटता, ठंडा होता है, और फिर मेवार से कहीं दूर बिकता दूसरे
शहरों में
हर साल गर्मी बहकती, सर्दी सिहरती और तुम निकल जाते पथरीली राहों में,
चुपके से

सन्नाटा है मेवार के महलों में, कुम्भलगढ़ की दीवारों को शायद इंतज़ार नहीं
तुम्हारा
तुम्हारी भट्टी धधकती, फिर क्यों ढूँढते हो खुद को पुराने गवाहों में, चुपके से

आज मेवार है बीते समय का खंडहर, तस्वीरें इक बहके हुए जमाने की
तुम्हारा वजूद किसी ज़ंग की धरोहर नहीं, तड़पते क्यों हो अंधकार की आहों में,
चुपके से

तुम हो इस ज़माने की जीती जागती आवाज़, लोहा है तुम्हारी फ़ितरत में
अपने हक को जानो, बसता है मेवार तुम्हारी पनाहों में, चुपके से

बूंदों का सागर

सागर को सावन की परवाह नही
उसकी प्यास क्या बुझेगी थोड़े पानी से
उम्र हो चली इतनी उसे कोई चाह नही
वह तो सिर्फ खेलता लहरों की रवानी से

सागर को अंदाज़ न था अपनी गहराइयों का
करोड़े सपने सोते थे उसके स्याह अंधकार में
फिर रोशनी उभरी, दमक उठा ज्चार लहरों का
मग़रूर था सागर लेकिन, कैद की रोशनी किसी दरार में

भटकी बूंदों की ताकत पर 'इतराता फिरता' था सागर
रोशनी बिन, सोती रहती बूंदें उसके गर्भ में दिन रात
कौन जाता इस अंधे सागर के पास भरने रीती गागर
क्या सिर पर है विष का प्याला या अमृत की सौगात

इक अंधेरी रात, बूंदों को सागर पर हुआ शक गहरा
क्या दुनिया में होते हैं सरोवर जिनका पानी न हो खारा
सागर ने बूंदों के मन में घोल दिया पुराना स्वार्थ सुनहरा
बूंदों नें रेत के किले बना लिए, सागर का लेकर सहारा

सागर अंधेरे में किलकारियां मारने लगा, फितरत थी उसकी

कश्तियां उसके सीने के आर पार जाने लगीं, खुश था वो बेहद
कितने भंवर, कितने छलावे, परवाह नही, फितरत थी उसकी
बूंदें छोटी हो गई, अँधेरा करने लगा हिफ़ाजत, खुश था वो बेहद

मोहब्बत

सुबह शाम सिर्फ सजदा करने से इबादत नहीं होती
किसी को सिर्फ अपना कहने से मोहब्बत नहीं होती

सफ़र में हम साथ थे, पर तुम सायेदार मोड़ों पर खड़े रहे
अगर सावन के सिर्फ तुम गीत सुनाते, तो मोहब्बत नहीं होती

सपनों से तुम नज़रें चुराने लगे, अंजामों से नसीहत लेने लगे
अगर कामयाबी का सिर्फ तुम जाम पीते, तो मोहब्बत नहीं होती

ये बहती जिंदगियां, ये उभरते महानगर, ये तुम्हारी हमारी मजबूरियाँ
अगर तुम सिर्फ पुरानी तस्वीरों को देखते रहते, तो मोहब्बत नहीं होती

ख़्वाबों की गहराइयां तुम जानते हो, मुझे मालूम हैं रौशन होगी कल ये फिज़ा
अगर तुम अपने साये को सिर्फ देखते रहते, तो मोहब्बत नहीं होती

स्वर्ग और नर्क

हम धूप से बचने की चाह लिए, ज़िंदगी यूहीं बसर करते रहे
सूरज से नजरें चुराते रहे, अकेले ये बेमाने सफर तय करते रहे
नर्क मालूम नहीं, छांव के आशियाने में अकेले हर दम घुटते रहे

सामने थे मायूस चेहरे, जो जाने क्यों धूल के प्यालों में सावन ढूंढते रहे
किसी ने थमा दिए उन्हें जाम, शोख बुलबुले जिसके आंखों में दमकते रहे
स्वर्ग मालूम नहीं, बस उनकी पलकों की रोशनी को सज़दा करते रहे

बहुत लम्बी फेहरिस्त है हमारी, किस किस पर यकीन करते रहे
हमारी बेवाफियां थी इतनी, जज्बातों की सोहबत से भी बचते रहे
नर्क मालूम नहीं, अपने सच और झूठ के बोझ से हम दबते रहे

कितने हैं स्वर्ग, कितने हैं नर्क, वो हर श्वांस में अपना वजूद देखते रहे
प्रयाग संगम की दमकती हर बूंद में, वो करोड़ो दर्द के धारे ढूंढते रहे
वो जानते हैं वेद, वो जानते हैं पुरान, जो भूली हुई जिंदगियां समेटते रहे

पापा की यादें

किन बातों को याद करुं, किन लम्हों की फरियाद सुनूं
इस गीत को अब खत्म करुं, फिर रौशन नए किसी शहर चलूं

अब सब्र नहीं व्हील चेयर पर बैठूं, अब सब्र नहीं अकेले सफर करुं
अब सब्र नहीं पुरानी बातें सोचूँ, अब सब्र नहीं सावन में न भीगूं

कितनी बातें सुननी थीं अब याद नहीं, कितनी बातें कहनी थीं अब याद नहीं
जो बिछड़ गए वो भी अपने हैं, जो आज सामने हैं वो भी अपने हैं

कमरे में मुझे न देख तुम रोना ना, तुम पुरानी तस्वीरों में मुझे ढूंढ़ना ना
तुम सुबह के आंचल मैं मुझे पाओगे, तुम शाम की इबादत में मुझे देखोगे

तुम जमुना की धारों को देखो जाकर, तुम गंगा के किनारों को देखो जाकर
तुम न्यू जर्सी के उजालों को देखो जाकर, तुम टेनेसी की बारिशों को देखो जाकर

ये सफर अब ख़तम हुआ यहाँ, ये स्वप्न अभी भी बाकी है
तुम छंदों में मुझे याद करना, तुम गीतों में मुझे साथ रखना

केवट प्रसंग

हे केवट, गंगा के कीचड़ में फंस कर दम तोड़ती हैं जब पूरब की कश्तियां
तुम उतरते हो इस दलदल में, लहरें बुला कर खोल देते हो प्राचीन बेड़ियां

जानकी के माथे पर दमक रहा है गंगा की सुबह का चमकता तारा
तुम जानते हो रोशनी उभरेगी, अंधेरा झुकेगा, इन नयनों में दोबारा

त्रिवेणी की धारा पीछे छूट रही है निषादराज, क्या तुम्हें उसकी है खबर
कितने सागर भटके हो तुम, रघुवीर देख फिर क्यों तुम्हारी पलकें हैं सजल

तुम सिर्फ पानी के माथे पर बनती बिगड़ती बादलों की तस्वीर देखते हो
रघुवंश के सूरज डूबे उभरे, कश्ती सागर की गहराइयों की तरफ खेते हो

आज तुम्हारी कश्ती मलिन पानी मैं झुकी डगमगाती है आसमां की कैद मैं
तुम चले गए दूसरे शहरों में, दूसरे किनारों पर, बरसती है आग जहां जेठ मैं

सपनों में बिछड़ रहे हैं जमुना के सावन, कनखियों से वो तुम्हे जाते देख रहे हैं
हताश
बदहवास तुम गिर रहे हो सिंधु की गहराइयों में, किसी रोशनी की गंगा की है
तलाश

आज़ादी के रंग

देखो आज़ादी का मौसम फिर आ गया है हमारा
सावन की फुहारों में भीगा है ये गुलिस्तां सारा
अफ़सोस, घटाओं तले बहुत से फूल न खिलेंगे दोबारा

इस पत्थरों के शहर में हमने गुज़ारी हें कई रात
आज़ादी के सभी रंगों की अकसर होती है बात
कोई बताये इन रंगों में कैसे बसती है आज़ादी की सौगात

करोड़ों कोशिशें बहती हें इस गंगा के सफ़ेद किनारों में
दूसरों की उम्मीदें जो पिरोते हैं अपने ख्वाबों के सफ़ेद तारों में
उनके दिल महकते हैं मानो चमेली हंसती हो सफ़ेद खारों में

हमारी रगों में एक ही खून था, फ़्लैंडर्स के केसरी मैदानों में
हमारी रगों में एक ही खून था, खेमकरन की केसरी चट्टानों में
हमारी रगों में एक ही खून था, कारगिल के केसरी चिनारों में

आज़ादी सींचती अधिकारों को, जैसे छप्पर बुने हो बंगाल के हरे धानो ने
आज़ादी दुलारती बहुरंगों को, जैसे लोरी सुनाई हो केरल के हरे घाटों ने
आज़ादी संवारती भाईचारों को, जैसे शामियाने सजाए हो दिल्ली के हरे बागों ने

लाल किले की बुर्ज से जो उठता है आज़ादी का पैगाम, उस पैगाम को सलाम

बचपन में जमुना से जो घटाएं उमड़ती थी उन घटाओं की यादों को सलाम

देश के शांतिदूत नेहरु को सलाम, देश के बागबान वाजपेयी को सलाम

राष्ट्रवाद की भूलभुलैया

हर सांस का जिसमें हो ज़िक्र, क्या तुम ऐसे कागज़ मांगते हो?

तुम देखते नहीं पूरब की कब्रों पर, सिमिटी है मटमैली रोशिनी

श्वेत नींद में डूबे, आसमां को ओढ़े, सदियों से अधसोए साये

देखो तुम उस पार के खंडहर, टूट रही हैं दिवारें, दर्पण, दरवाज़े

हर रंग जो उनकी आंखों में है, तुम तिरंगे में अक्सर क्यों ढूंढ़ते हो?

जानना चाहते हो, तो सुननी पड़ेगी कहानी हर सफ़र, हर ज़ाम की

उनकी आंखों ने देखे थे दहकते चिनार, आसमां का सेहरा सजाते हुए

उन्ही आंखों से टपके थे लाल कतरे घाटी में, हिम की बिछावन पर

अंदाज़ नहीं आगे कैसे रास्ते हैं, कितने मोड़, कितने मौसम, कितने मंज़र

सामने झुका है आसमां ज़मीं पर, तुम देखते क्यों हो हमेशा पीछे शीशे में

जो हाथ थामे निकल पड़े हैं, तुम उनसे न मिल पाओगे इस सफ़र में

तुम ढूंढोगे उन्हें किसी ज़िहाद में, वोह सजदा करेंगे सावन की फुआरों का

तुम पूछते हो कैसा होता है देश भक्ति का बसंती रंग, जो रगो में दौड़ता है?

जेठ के पिघलते आसमान के नीचे जो धान रोपते हैं, तुम्हारे लिए, देश भक्त हैं
वो

जो सुबह की सुगंध, ढूंढते हैं हर आंगन हर उपवन में, तुम्हारे लिए, देश भक्त हैं वो

जो पुरवाई की पुकार सुनते हैं, हर छज्जे हर झरोके से, तुम्हारे लिए, देश भक्त हैं वो

हिजाब और पल्लू

तुम जिन्हे रोकते हो, ये आने वाले दौर की धरोहर होंगी
इनके आंचल में छांव, इनकी आंखों में नित सुबह होगी
धन्य हैं ये हिजाब, ये पल्लू जिनसे कल की रोशनी होगी

बादलों की आदत है, समेट लेते हैं, धरती की घुटती आहें
बिन बुलाए आँगन में उतर आते हैं, चाहें ढहतीं हो दीवारें
कैसे पल्लू को सावन भाएगा, हिजाब की झुकी हैं निग़ाहें

दीपावली

इस साल दीपावली चुपके से आकर, रोशनी की याद दिला गई
अंधेरों की आदत पड़ रही थी, उजालों की फ़रियाद सुना गई

शहर जगमगा रहे थे निगाहों में, फिर भी चेहरों के सवाल बता गई
आंखें ढूँढ रहीं थी अयोध्या के तारे, मुँडेरों पर छोटे छोटे दिये जला गई

दीपावली की सांझ, सैकड़ों मील का सफ़र कर परिवारों को घर पहुंचा गई
बहुतों को छुट्टी न मिली मालिकों से, रात भर उनसे सोडा वाटर और व्हिस्की सर्व करा गई

अंधेरा बढ़ रहा था, शहर के चौराहों पर, संसद के गलियारों में, शुभ लाभ का सौदा बता गई
सुबह उठे तो सैबी की एथिक्स की किताब आतिशबाज़ी के धमाकों में उड़ा गई

बच्चों का दीपावली का मतवालापन, ड्राई फ्रूट्स और मिठाई के डिब्बों में छुपा गई
अगली सुबह अधजले पटाखे ढूँढने की ज़िद को गुरबत की पहचान बता गई

यूक्रेन

यूक्रेन के उजले आसमा को देखा उन्होंने हर रोज़, अपने ख़्वाबों में
मिट्टी के सपनो को सजोया उन्होंने हर रोज़, अपनी सहमी निगाहों में

रोशनी जब चूमती उसके सुनहरे खेतों को, सिहरान दौड़ती नब्ज़ों में
कहीं ये फ़सलें राख ना हो जाए सुबह से पहले, घात लगाए अन्धेरे मे

पल पल के लिए मोहताज है आज यूक्रेन, बदहवास श्वास पुकारती फिर भी
कीव है छलनी, न खिड़किया न दीवारें, बदहवास बहार पुकारती फिर भी

बूचा में दफ़न हो रही ज़िंदगी, बदहवास उम्मीद पुकारती फिर भी
मरिपोल डेथ कैम्प शर्मसार, बदहवास इंसानियत पुकारती फिर भी

रूस का लहू बह रहा है, गिर रहे हैं भाई भाई बर्फ़ीली घाटियों में अकेले
पूतिन की जिद्द है, यूक्रेन का वजूद मिटा दे ,रूस का नक्शा और फैला दे

रूस और यूक्रेन ने खोए हैं रात दिन गुलाग के अंधेरे मैं, लेनिनग्रैड की खाईयों में
उन यादों में दफन हें कितनी सुबह, कितनी शाम, कितनी ज़िंदगी कहानियों में

कहाँ है वोल्गा के डूबते किनारे, कहाँ है सेंट पीटर्सबर्ग के टूटते नज़ारे
कहाँ है टॉलस्टॉय का अधकहा सच, कहाँ है चैकोव के किस्मत के मारे

तुम ना खो देना ऐ मेरे दोस्त, इस गंगा का किनारा, इस जमुना का मेला

हर सुबह होता है आज़ादी का कुंभ, लगता है हर शाम सपनों का ठेला

दिल्ली के वो तपते दिन

याद क्यों मुझे आ रहे हें दिल्ली के वो तपते दिन, महकती शाम
आसमां झुकता था हर रात ज़मीं पर, छलकाता सितारों के जाम

गिरती थी बोझल पत्तियां हर सुबह, सोते हुए मोतियों के सिरहाने
भोर की तिरछी निगाहें सजदा करती झुक कर इस सेज़ के पैताने

चांद उतरता चिरागों के इशारों पर, रुकता बेबाक रोशनी के दरिया किनारे
चिराग निहारते उसे, फिर थक कर सो जाते, अपने धुएं के तकिए सहारे

सुनते हैं दिल्ली के चिराग जलते थे दिन रात, हर मौसम हर पहर में
अब न जलने का जुनून, न वो रोशनी की धारा, जो बहती थी शहर में

उनकी हर पलक झपकने में, उनकी हर निगाह टिकने में, रौशन थे कुछ पल
ये चिराग बुझ न जाए, उजाला कंही कैद न हो जाए, ढूंढेंगे कैसे उन्हें कल

प्यार पर ऐतबार

प्यार की तपती दोपहर देखी सिर्फ, फिर कसमों पर ऐतबार क्यों होता रहा
सावन में आंगन जलते देखे सिर्फ, फिर बादलों पर ऐतबार क्यों होता रहा

हर सुबह हर शाम, उनके घर की बेला चमेली की खुशबू बसती रही सांसों में
शाख और पत्तों के छप्पर जब तपने लगे, फिर फूलों पर ऐतबार क्यों होता रहा

आगरा के पिघलते संगेमरमर, मानो रोशनी के तराशे गुंबद और मेहराब हो
डर के अंधेरे मुंडेरों पर रात गुज़ारने लगे, फिर ख्वाबों पर ऐतबार क्यों होता रहा

प्रयाग संगम की सुनहरी रेत, मानो बचपन का फरिश्ता हंसता हो त्रिवेणी धारा में
दिलों की तड़प में गंगा का अमृत बह गया, फिर इबादतों पर ऐतबार क्यों होता रहा

दिल कहता है अपने शहर के दिलकश नज़ारे ढूंढू और हांथ थाम लूं उनका
न सुबह न शाम, बस थी इक मजबूरी, फिर उम्मीदों पर ऐतबार क्यों होता रहा

शेरिल हिल्स

उनकी निगाहें अब नही ढूंढ़ती जमुना की धारा
आंखों को याद नही घटिया के खार का नज़ारा
छैराहे के विलीन होते छज्जों का इंतजार नही
कुइया के दमकते दर्पण का अब दीदार नही

सफर के गुबार में ओझल हो गई रौशन गलियां
शाम थक कर सो गई जाकर बचपन की बगियां
किलकारियां आती हें सदा उस उजले किनारे से
जैसे रोशनी में नहाए चेहरे निहारते हों कांधे से

जानता हूं ये रात दिन की उलझन भ्रम हें मेरा
हर सागर, हर जाम में है उसके नूर का सवेरा
शेरिल हिल्स के हर दरवाज़े पर है सुबह का डेरा
हर सांस में इबादत, माथे पर है आसमां का सेहरा

क्या खोया क्या पाया

हर दौर की ज़ुबां होती है, हमारी दास्तां खामोश रात होगी
धूल के गुबार में शाम ढलेगी, हर बेज़ुबां पहर से बात होगी

ये तूफां थम भी जाए तो, मालूम नहीं सुबह कैसी होगी
आग है जमुना और गंगा में भी, फिर कैसे बरसात होगी

क्या खोया क्या पाया इसका ज़िक्र भी मत करना ऐ दोस्त
कितने आसमां पथराये, अब सहमे सितारों से यही बात होगी

हमने इंतजार किया हैं पुश्तों से, बंद आलिशान दरवाज़ों के बाहर
सहर बिखरी हुई, हकीम हताश, तुमसे अब कैसे मुलाकात होगी

तुम भूल न जाना ऐ दिल इस पल, इस मौसम, इस सुबह को
धुंधले आसमां तले, फिर सपने देखने की उनकी फरियाद होगी

अल्जाइमर की सांझ

इक धुंध में डूब रही हैं सुबह और शाम धीरे धीरे
आईने में फिर उभर रहे हें छितरे बादल धीरे धीरे

आसमां मेरा चटक रहा है शीशे की तरह धीरे धीरे
मेरी खिडकी का नज़ारा फिर सिमट रहा है धीरे धीरे

उस पार की यादें डूब रही हें पलकों में धीरे धीरे
इस सफर की बातें टूट रही हें जहन में धीरे धीरे

कश्ती मेरी दूर हो रही है समंदर के उजाले से धीरे धीरे
कल की फिक्र नही आज तो निहार लूं ये ज्वार धीरे धीरे

पुर्ज़ा पुर्ज़ा

मेरे ख्वाबों की सायेदार डालियां बिखरी हैं पुर्ज़ा पुर्ज़ा ज़मीं पर
रात दिन मिटा रहे हैं एक दूसरे को अपनी परछाइयों के अंधेरों में
जिनकी घुटती सांसें तुम देख रहे हो आसमां में पिघलते हुए
काश उनको करीब से देखते, तो हर सांस में खुद को देखते

कैसे तुम सो गए तपती दोपहर में शाम का इंतज़ार तो किया होता
उम्र थी, सुबह थी, शाम का नूर था, मासूमियत का दौर भी था
आसमां जब दमकता था जाम में, तुम रोशिनी छलकने नहीं देते थे
बादलों के कारवां का साथ था तुम्हारा, तुम सावन के मोहताज़ न थे

दिन भर तुम्हारे धुएं में वो जलते रहे, जिन्हें तुम निगाह भर देखते न थे
उनकी पलकों ने थाम ली तुम्हारी नब्ज़, जो डूब रही थी सफ़ेद अंधेरे में
शाम ढलते ही चांद आ पहुंचा था, अपने मक़ाम पर नई आरज़ू लिए
चटकती राख के गुबार से वो झांकता रहा, बदहवास पूरब के चढ़ाव से

ऐ संगदिल, अब न कोई राज़, न कोई शिकवा, न कोई इबादत रही
तेरे हर गुनाह से आहें गिरी थीं ज़मीं पर, मजबूरी के कतरे बनकर
कोई बताए ये दरवाज़े क्यों बंद हैं, इन गलियों में क्यों अंधेरा पनप रहा है?
रात और दिन के सारे पन्ने मैले हो गए, अब सुबह का इंतजार न रहा

देश प्रेम

तुम पूछते हो कैसा होता है देश प्रेम का बसंती रंग, जो रगो में दौड़ता है?
जेठ के पिघलते आसमान के नीचे जो धान रोपते हैं, तुम्हारे लिए, देश प्रेमी हैं वो

जो सुबह की सुगंध, ढूंढते हैं हर आंगन हर उपवन में, तुम्हारे लिए, देश प्रेमी हैं
वो
जो पुरवाई की पुकार सुनते हैं, हर छज्जे हर झरोके से, तुम्हारे लिए, देश प्रेमी हैं
वो

यूनीफोर्म की खातिर, जो ग्लेशिर्स की गोद में सो जाते हैं, देश प्रेमी हैं वो
इंसाफ की खातिर, जो अपनी सुबह शाम भूल जाते हैं, देश प्रेमी हैं वो

वक्त जब बेकाबू हो जाता है, हर कदम अपने फायदे की सोचने लगता है
लड़खड़ाते कदमों से, जो शहर की गलियों को अपना लेते हैं, देश प्रेमी हैं वो

इतिहास के पन्ने पलट कर, क्यों तुम रात दिन आसमां से शोले बरसाते हो
आग बहती है गंगा जमुना में, जो उसे पलकों से बुझाते हैं, देश प्रेमी हैं वो

वृन्दावन

सुबह की रोशिनी उलझी है कालिंदी की खारों में, आज होली है ब्रज की गलियों में

उस पार हैं पीताम्बर में सिमटे कान्हा, इस पार तपते मोती राधा के माथे पर

पांव जलते हैं, पसीने छलकते हैं, आज छांव नहीं 'कालिंदी कूल कदंब की डारन में'

ढूंढता है आसमां माधव को मधुवन में, गोपियों के तसव्वुर में, गोकुल के सहनो में

जाने कब से अबीर गुलाल ले खड़े हैं सखा, मानो इंतजार हो फागुन के नए पत्तों का

उनकी यादें उनकी आंखों से जुदा हैं, जैसे जुदा होती है सांस सुबह की सिहरन से

और सांसें जुदा होने से पहले अकसर बयां कर जाती हैं, पनपते अंधेरे की दास्तां

वासुदेव हैं हर पल की धड़कन, चाहे लिपटा हो अंधेरा कितनी सफ़ेद सिलवटों में

जानते हो रंग कैसे भरता है इन फ़ज़ाओं में, इन उपवनों में, इन सहमी हुई पलकों में

धूप की तिरछी निगाहें जब सलाखों को छूती हैं, तब छत्तों पर रोशनी का समुंदर होता है

उस रोशनी के रंग बिखेरते हैं कान्हा, जहां सावन जले हों आंगन की खाक दीवारों में

हर रंग मैं हैं गोपाल, जमुना की धारा में चांद खिलता है चाहे किनारे कितने उजाड़ हों

जिनके मन में समाए हैं गिरिधर, वो लड़खड़ाते सायों के हाथ से जाम छलकने नहीं देते

जिनके मन में समाए हैं गिरिधर, वो बदहवास प्यास को आंगन में दम तोड़ने नहीं देते

जिनके मन में समाए हैं गिरिधर, वो तपते आसमां को सावन का चुंबन भूलने नहीं देते

जिनके मन में समाए हैं गिरिधर, वो चढ़ते हुए चांद के सपने गोकुल में मरने नहीं देते

मासूमियत का दौर

निकलते थे हम सुबह दबे पांव, ओस के आंचल में सोई गालियों से
हमारी निगाह ढूंढ़ती थी बादलों के पड़ाव, जो देखते देखते बिखर जाते थे
कभी सोचा ना था, चल रहे थे पैदल पिघलते ताप को हथेली में दबाए
सड़क के किनारे दहकते थे मिट्टी में पीले फूल, सूरज को चुनौती दिए

जमुना की बलखाती बेड़ी जोड़ रही थी, दमकते आसमां को धरती से
हम रुक जाते थे नीम की डाली तले अक्सर, अधूरी छांव के आशियां में
पहचानी लकीरों को देख़ दिल ने किसी इमारत का सपना नहीं सजोया
जब सामने थीं बेज़ुबान आंखें, उनके ही सपने हमारी हकीकत बन गए

पेड़ों से फूटती रोशिनी को सजदा करते रहे, मासूमियत थी दौर की
सुबह की शबनम आंखों के सामने रही हमेशा एक मरहम की तरह
दिल के नूर को अपनाया, ज़हर को कभी शब्दों की पनाह ना दी
जमीन से जरें की तरह जुड़े रहे, धूल में विलीन होते रहे अनजाने में

अब एक नया सवाल, मंथन है धुंधले आकाश में कैद धुंधले सागर का
रोग के हलाहल से झुकी कश्ती पहुंच न पाएगी क्षितिज के उस पार
गंगा जमुना जुदा करने की ज़िद है चाहें प्यास दोपहर में दम तोड़ दे
हर प्यास एक क़ायनात है, हर प्यास का सावन के बादलों पर हक़ है

सफ़ीना

सुबह से शाम का फासला बहुत है, अगर दरवाज़ों पर ख्वाइशें कैद हो जाए
जो कहना है रात के आंचल पर लिख दो, ताकि सुबह तक पूरा मिट जाए

सागर से डरकर, जहाज़ के कप्तान तुम्हारी नीयत कंही बदल न जाए
उतार दो किसी दलदल में इन्हे मुझे, चाहे फिर जहाज़ ही डूब जाए

बहुत टुकड़ो से जुड़े हें कश्ती के पाल, जैसे लकीरों मैं दमकता पसीना
ललक पुश्तों की, मानो आसमां खींच रहा हो करोड़ो सपनों का सफ़ीना

हालांकि दिल घबराते हें अपनी ही गलियों में, कंही आसमां न गिर जाए
फ़िज़ाएं बेहोश न हो जाए, धुएं की लकीरों में फिर सुबह न सहम जाए

कितनी जल्दी बदल जाते हें हमारे जज़्बे, हमारे वो जवानी के जूनून
गालियों में बाट जोहते जो अधखिले सपने उनकी कहानी में है सुकून

जमुना के तीर

अंधेरों में जो सिमिट न गया हो ऐसा कोइ शहर ढूंढिये
रुपहले तारों की रोशिनी हो रात का ऐसा कोइ पहर ढूंढिये

जमुना के सूने पनघट पर कितनी ख्वाइशें दम तोड़ती हैं
जो बेबसी की ख़ारों को रौशन करे ऐसी कोई सहर ढूंढिये

कंटीले कीकरों को चूमते ये दर्द से झुके बादलों का सावन
ज़रें ज़रें को पास थपकी से सुलाए ऐसी कोई दोपहर ढूंढिये

लाखों दिल वीरान हैं उनकी दास्तां का कभी ज़िक्र न होगा
बेजान डूबी कश्तियों को फिर उठाए ऐसी कोई लहर ढूंढिये

नागों से महफ़ूस रखा हैं कान्हा ने गोकुल की कुन्ज गलियां
ये बस्तियां ही बृज वृंदावन हैं, अब मत कोई नया ज़हर ढूंढिये

अथाह दलदल

यादों की इतनी परतें हैं कि इस शहर से निकलने का कोई रास्ता नहीं

रात के अंधरें में सफेद फूलों के उपवन भी बयार से बेहोश हो जाते हैं

कोइ अभी सांसें ले रहा है शायद बेहोशी ने दिया है कुछ सुकून

इस दलदल में दफ़न हैं कितने गुनाह, कितने कातिल कुछ हिसाब नहीं

मुझ से मत पूछो दिन के हालात क्या होते हैं अभी रात है बहुत बाकी

उषा काल की लालामी के इस पार मंडरा रहे हैं गिद्धों के दल

उस पार चमक रहे हैं धान के खेत अंधेरों को गोद में छुपाए हुए

कतारे हैं धुंधले चेहरों की मानो रोशनियां सहम गईं हों अंधेरों में

छतों पर, छज्जों पर, सुप्त गलियारों में, सुबह की शबनम अभी चमक रही थी

अचानक मेरे शहर की सफ़ेद सुबह का आगोश काले धुएं से कैसे भर गया

हम देखते रहे हर आंगन के खामोश आसमां को और बेहोश भीड़ें इकट्ठी होती
रहीं

आखिर कितने आसमां भटकेंगे, कितने उपवन खामोश होंगे, कितने सितारे
सहमेंगे

साल खत्म होने को है लेकिन खुमारी हमारी बेहोश पत्तों जैसी है

हम बदहवास सोते हैं और रात के अंधेरे में हमारे साये भी कूच कर जाते हैं

इस दलदल का पानी काला, पत्ते बेरंग, सरकंडे झुके हुए हैं अपने अंधेरें में

पूरब की कश्तियां जमुना के उस पार उतर रहीं हैं सूरज का सज़दा किए बिना

हाथरस - कभी नहीं भूलेंगे!

अक्सर सपनों में एक दरवाज़े के आगे मैं रुक जाता हूं
पीछे क्या है सोच कर मुझे सिहरन होती है
क्या क्या सामान हमने इकट्ठा कर रखा है
मुझे अनुमान नहीं और दबे पांव मैं पीछे हट जाता हूं

लेकिन आज सपने में मेरी बेटी आ गई
उसके गले में चाबियों की एक माला थी
ना जाने कितने दरवाज़े हैं कितनी चाबियां
लेकिन हंसते हुए उसने इस दरवाज़े को खोल दिया

ये शायद उसका ही कमरा था
चंद किताबें उसे कनखियों से देख रहीं थी
न बोझल पलकें, न परेशानी, न अब कोई मजबूरी
मानों एक राख में पूरी सिमट-सी गई थी वो

आसमां के लंबे सफ़र में चांद अभी उलझा हुआ था
छिटके सितारे किसी दूसरे जहां को कूच कर गए थे
मदहोश बादलों का कारवां खो गया था सुबह के अंधेरे में
रोशनी के लिए मजबूर थी धरा की कोख, हर खेत हर खलिहान में

कैसे सजोयेंगे हम उसे, कैसे याद करेंगे हर रोज़

कितने शहर हैं कितने खार, कितने उतार हैं कितने चढ़ाव

कितने ज़हर हैं कितने जाम, कितने नाग हैं कितने चारागर

उसकी यादों के चरागों को अभी जलना हैं सुबह तलक तक

कोविड प्रवासी मजदूर

गंगा के किनारे चलते रहे, हम जमुना के किनारे चलते रहे
पल भर में बेघर हुऐ, पल भर में ही हम बेगाने हुए

यह शहर भी अपना ना था, वो लोग भी अपने ना थे
आसमां रोज़ पिघलता रहा, हम यादों के साये में चलते रहे

कब वो पीछे रह गए मालूम नहीं, शाम सिर्फ खामोश थी
चुनरी उनकी साथ दे ना सकी, घर भी अभी बहुत दूर था

हर एक को इतने पास से देखा है, मुझे क्यों यकीं नहीं होता
क्या हुआ उस दिन जो मेरे शहर ने मुझ से निगाहे फेर ली

हम तो चलते रहेंगे चाहे कितनी धूप हो चाहे कितनी भूख हो
तुमसे क्या उम्मीद रखे तुम्हारे शब्दों मैं हमारा ज़िक्र ही ना था

दिल के मँझधार

दिल की कितनी भूल भुलैया होती हैं, ये कोई जानता नही
कहीं दरवाज़े, कहीं तहख़ाने होते हैं, ये कोई मानता नही

ऐक छोर से दूसरे छोर तक पहुँचना, कहाँ हैं ये आसान
कितने किनारे, कितने मँझधार, थाह कैसे लेगा इंसान

जितने अमृत उतने विषधर, जितने माखन उतनी रीती गागर
जितने पल्लव उतने पतझर, जितने तूफ़ाँ उतने उथले सागर

जितने बड़े महल उतने छोटे लोग, जितने बड़े साम्राज्य उतनी खोटी सोच
उम्मीदें मचलती पुरवाई की पुकार सुनकर, कैसे संभलेंगीं ये लम्बी रातें बेहोश

जमुना के जमघट छितर बितर गए, कहां गए ब्रज के खिवैया
तपते घाटों पर गिद्ध मँडराते, कदम्ब की छाँव तले डूबे है नैया

बेउम्मीद साये से साये जुड़ रहे हैं, बना रहे इक अंधेरी दीवार गंगा के किनारों पर
बसंत में सरसों जब महकती, तब लगता शायद रोशनी उतर आई हो धारों पर

ये मँझधार है, पूरे के पूरे गाँव बह जाते हैं, और तुम्हें ख़बर भी न होगी
देख लो ये सुबह और ये शाम, अंधेरा जब कदम बढेयगा, हर दुआ बेअसर होगी

टैगोर स्मृति

टैगोर ने सुना, धरती को करवट लेते हुए, निर्जन वनों में
टैगोर ने देखा, आसमां को झुकते हुए, अकेले आंगनों में

मंदिरों के एकांत में इबादत, उन्होंने रोशनी की तौहीन समझा
जहां गर्द उड़ती, जहां पांव जलते, ढूंढा उसे उन गलियों में

घर बाहर उन्होंने देखा, लाचारियों की लम्बी तंग राहों को
कैसे कैद हो जाते हैं बंसी के सप्त स्वर, मन की भवरों में

इंतज़ार करते दिलों की लम्बी रातों को, गीतों में जिन्दा रखा
भटकती विनोदनी, भटकते फटिक को जोड़ा दर्द के रिश्तों में

उनके गीत तुम भूल न जाना, चाहे खारा हो जाए गंगा का पानी
उनके गीत तुम भूल न जाना, चाहे भटक जाए नैया किनारों में

पैलिस्टाइन अग्नि समाधि

पैलिस्टाइन की ज़मीं पर पैर रखते ही, नादान उम्मीदों को दम तोड़ना पड़ा
कैनान की घाटियों में झिलमिलाते ज़ैतून के पत्तों को आग से रिश्ता जोड़ना पड़ा

रोशनी से तुम दूर होते गए, पुराने अंधेरे तुम्हें करते रहे बदनाम
न गांधी, न मंडेला, वहशत का कैसे निकल सकता था कोई और अंजाम

इज़राइल, तुम अगर पड़ोसी बन के रहे होते तो चमन कैसे न महकते
माटी को अपनाया होता तो आज पास पास छत्तों पर बसे होते

थकी आंखें सवाल पूछती हैं, इतने आसमां जलने के बाद आग क्यों लगी है
जान और जहान पिघल रहे हैं, तुम से अब भी उम्मीद क्यों लगी है

जो सुबह शाम अंधेरे में गिरते हैं, वो हर पल ज़िंदगी के उजालों से डरते हैं
मासूम चेहरों में पर्ब्रह्म देखते हैं, फिर भी सजल नयनों के सवालों से छुपते हैं

यहां भी हैं वो, जो अपने जुनून की ख़ातिर इंसा के चेहरे को भूल जाते हैं
सैकड़ों साल के रिश्ते भुला कर नफ़रत की आग में कूद जाते हैं

जब किसी का खून गिरता है, धरती के किनारों तक इक गूंज उठती है
ज़मीं के नीचे कितने अंधेरे दफ़न कर लो, आँखों के पानी को खबर तो मिलती है

आसमान में दरार / 215

जब रोकेट्स और शेल्स हंसते हैं अंधेरे में, कौन पूछता है, आसमां कितना शर्मसार हुआ

जब बचपन उजड़ते हैं इन नफ़रत की घाटियों में, कौन पूछता है, कौनसा शहर राख हुआ

विश्वचेतना

मणिपुर की घाटियों में ख़ुदकुशी देख कर, अनंता को हुआ घोर संताप
उपवन, पर्वत, देवदार थे शर्मसार, बादलों न देखा था ऐसा पाप

कैलाश की ऊँचाइयों से, विंध्या की श्रृंखलाओं से, सब कुछ देखता है ये मन
किसकी भावना कैसी, जानती हैं ये आँखें, जानते हैं ये चित के हज़ारों दर्पण

जब कहीं अनर्थ होता है, कायनात को उसकी खबर कैसे होती है
सावन में अगर कनेर के फूल जल जाएं, पुरबाई को कैसे खबर होती है

सतयुग में भी थे ऐसे अंधेरे जो समुंदर से निकलते श्वेत वस्त्र पहनें
स्वर्ण नगरी जैसी महिमा, लेकिन मन को भाते पाताल की जंजीरों के गहने

त्रेता में धर्म और अधर्म के समर में कितने जीवन बुझे, कितने आसमां जले
इक उजाले की गंगा थी सामने, फिर भी अंधेरे बेतहाशा बढ़े

आज इस युग में, रोशनी को देख, अंधेरे हिफ़ाज़त की खोज में भटकते हैं
कभी काशी, कभी द्वारिका, कभी सोमनाथ के मंदिरों में छुपते हैं

इंसा खुद को खोजता है उन स्थानों में जहां मन और आत्मा नजदीक होते हैं
लेकिन वहां भी अकसर काम, क्रोध, लोभ, मद, के बहरुपिये आसीन होते हैं

कोई ऐसी कथा सुनाये, जिस को सुनकर लोग रोशनी की तरफ़ जायें

नफ़रत के ज़हरीले काँटों के बीच, इंसानियत के फूल खिलायें

राम कथा

राम कथा है हर दौर की ज़ुबान
लोगों के अंतर्मन की है पहचान

जब अंधेरे डुबोते हैं कश्तियां सरे आम
जब उजाले लजाते हैं अंधेरों की बाहें थाम

जब रात दिन मन की आस टूट जाती है
जब चेतना की बेलें ज़मीं पर सूख जाती हैं

जब सरयू के रौशन किनारों पर गिद्ध मंडराते हैं
जब धर्म संसद में बैठ कपटी शोले बरसाते हैं

राम के नाम पर चमन के फूल यतीम बनाए जाते हैं
जय श्री राम कह कर कड़वे फल परोसे जाते हैं

लोग गिर रहे हैं हर रोज़ नफ़रत की घाटियों में
राम को न पायेंगे, बंजर दिलों की खाइयों में

तुम मन के भ्रम त्याग, रघुकुल कथा की भोर में जागो
तुम मन की कुंठित गलियाँ छोड़, प्रेम की डोर थामो

1947 - कैद थी रोशनी यहां भी वहां भी

उनके सपनों का सफेद आसमां, शाम तक थक कर टूट गया था कितने टुकड़ों में

भादों की बयार में कितने घर जले, कितने दिल बुझे, मेरे पास कोई हिसाब नहीं

बरसों बाद अहसास हुआ, वो क्यों बिना वज़ह सावन की ठंडी फुआरों से डरते थे

उनकी आंखों में गंगा झेलम की धारा थी, उनके हाथों ने संवारा था बचपन को

इंतज़ार रहा उन्हें क़दमों का, जिनकी आहट रुक जाती थी रात की चौखट पर

सिर्फ एक पल्लू या हिज़ाब न थे, वो एक दरिया थे ख्वाइशों का, मज़बूरियों का

कितने सावन घिरे, कितने तलवे जले, रोशनी गागर की उन्होंने छलकने न दी

अंजान सांसो को ऐसे अपनाया, मानों हर फूल की खुशबू घुल गई हो दामन में

बदहवासी थी यहां भी वहां भी, धरती का अंधेरा खींच रहा था उजले सितारों को

चारागर थे यहां भी वहां भी, कच्चे धागों से बना रहे थे रोशनी की रुपहली चादर

उनके आंचल में थी उस चादर की खुशबू, उनके हिज़ाब में थी उस चादर की शान

उनकी चादर है एक परचम, भूलना नहीं मेरे दोस्त, कैद थी रोशनी यहां भी वहां भी